herausgegeben von Dr. Karl Bayer, Dr. Gerhard Fink und Dr. Friedrich Maier

VOKABELTRAINER
- LATEINISCHE VERBEN -

zu CURSUS LATINUS und CURSUS NOVUS

von

Dr. Karl Bayer – Dr. Gerhard Fink

C. C. BUCHNERS VERLAG · BAMBERG
J. LINDAUER VERLAG (SCHAEFER) · MÜNCHEN
R. OLDENBOURG VERLAG · MÜNCHEN

MEDIOTHEK
herausgegeben von Dr. Karl Bayer, Dr. Gerhard Fink und Dr. Friedrich Maier

Einbandgestaltung: Christel Aumann, München

1. Umschlagseite: Lorbeerbekränzter Kopf des jugendlichen Apollo. Didrachme, Silber, Münzstätte Rom, 3. Jhd. v. Chr.

Skizzen im Text: Dr. Karl Bayer, München

1. Auflage 1 5 4 3 2 1 | 1989 88 87 86 85
Die letzte Zahl bedeutet das Jahr des Druckes

C. C. Buchners Verlag ISBN 3-7661-**5540**-7
J. Lindauer Verlag ISBN 3-87488-**930**-0
R. Oldenbourg Verlag ISBN 3-486-**87971**-5

Die fettgedruckten Ziffern sind die jeweiligen Bestellnummern

Gesamtherstellung: Graphischer Großbetrieb Friedrich Pustet, Regensburg
Printed in Germany

Vorwort

Jede Sprache besteht aus Wörtern. Wer Zugang zu einer fremden Sprache finden will, muß deren Wörter lernen. Die damit verbundene Anstrengung ist nicht sonderlich beliebt, da sie einen festen Willen und viel Fleiß voraussetzt.

Daß es dabei mit dem „sturen Pauken“ allein nicht getan ist, ja daß man sich die nun einmal unumgängliche Arbeit erleichtern oder wenigstens interessanter machen kann, will unser Heft zeigen.

Gewiß kann auch der, der alle oder doch sehr viele Wörter kennt, beim Übersetzen immer noch Fehler machen. Aber oft haben auch sogenannte schwere Fehler ihre Wurzel darin, daß man ein Wort nicht oder nicht gut genug kennt, so daß man es verwechselt oder gar aufs Raten angewiesen ist. Hinzu kommt, daß man nur zu oft auf eine einzelne Wortbedeutung festgelegt ist und nicht gelernt hat, sich zur genaueren Bestimmung der angemessenen, treffenden Bedeutung am Zusammenhang des Textes zu orientieren.

Es gibt nun Wörter, die man einfach lernen muß, weil man sie nicht von anderen herleiten kann. Aber für einen sehr beträchtlichen Teil des lateinischen Wortschatzes bieten sich wenigstens „Lernhilfen“ an, wenn nämlich deutsche Wörter (meist sogenannte Lehnwörter) dem lateinischen Wort sehr ähnlich sind (Fenster - fenestra) oder wenn geläufige Fremdwörter eine Brücke bilden (Element - elementum).

Von herausragender Wichtigkeit sind die sogenannten Stammwörter; von ihnen werden vielfältige Ableitungen durch Vorsilben (Präfixe) und durch Nachsilben (Suffixe) gebildet. Bei der weit überwiegenden Zahl solcher abgeleiteten Wörter kann man die zutreffende Bedeutung dann erschließen, wenn man die Grundbedeutung(en) der Stammwörter kennt und weiß, in welcher Weise diese Bedeutung(en) durch das Hinzutreten von Vor- und/oder Nachsilben verändert wird/werden.

Daher geht unser Heft so vor, daß es die gängigen Vorsilben mit ihren Hauptbedeutungen vorstellt (Kästchen mit graphischer Veranschaulichung), sodann Beispiele für Ableitungen verschiedenen Grades vorführt und dann Aufgaben und Übungen der verschiedensten Art anschließt, mittels deren man sich prüfen kann, ob man das Prinzip verstanden hat und es im Einzelfall anzuwenden weiß.

Die Möglichkeit einer Generalwiederholung bietet das „Verzeichnis der behandelten Stammwörter und Präfixe“ auf den Seiten 111 bis 114.

Ein Lösungsteil am Ende des Heftes ermöglicht die notwendige Kontrolle. Man sollte diesen Lösungsteil immer erst dann einsehen, wenn man sich schriftlich festgelegt hat. Andernfalls geht der Übungszweck weitgehend verloren.

Inhaltsverzeichnis

(T = Tabelle, K = zum Knobeln, W = zum Weiterdenken, S = zur Selbstkontrolle, Z = Zusatzaufgabe)

Präfixe

Die Bedeutung eines Stammverbums wird durch Vorsilben modifiziert. Diese Vorsilben entsprechen überwiegend den Präpositionen, meist auch hinsichtlich ihrer Bedeutung, z. B.

ab + ire → abire weg + gehen → weggehen

Die Masse der Verbal-Komposita bezeichnet **Ortsverhältnisse**, nämlich die **Lage** zu einem Bezugspunkt (z. B. *inter-esse* dazwischen-sein) oder die **Bewegung** im Hinblick auf einen Bezugspunkt (z. B. *praeter-ire* vorbei-gehen):

Lage

(Sinnrichtung: lokal)

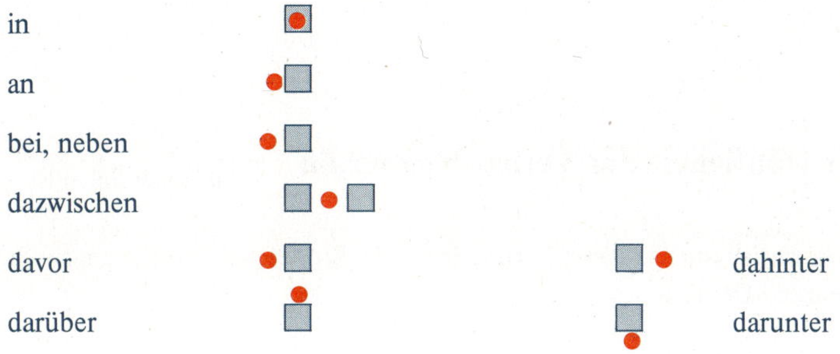
in
an
bei, neben
dazwischen
davor
dahinter
darüber
darunter

Bewegung

(Sinnrichtung: direktional)

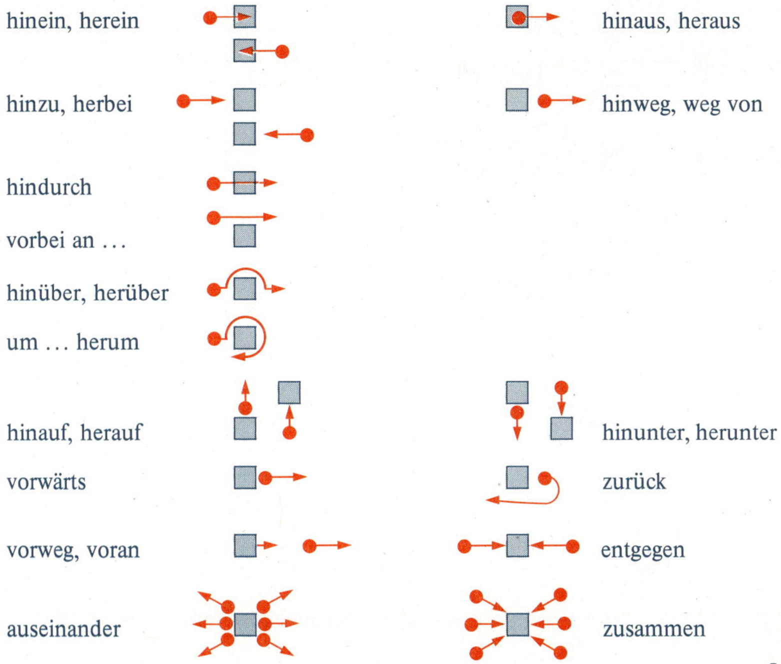
hinein, herein
hinaus, heraus
hinzu, herbei
hinweg, weg von
hindurch
vorbei an …
hinüber, herüber
um … herum
hinauf, herauf
hinunter, herunter
vorwärts
zurück
vorweg, voran
entgegen
auseinander
zusammen

Die Bezeichnung von **Zeitverhältnissen** durch Verbal-Komposita ist selten, z. B.

pro-videre	vorher-sehen,
prae-dicere	vorher-sagen.

Häufig drücken Verbal-Komposita auch einen Intensitätsgrad aus, z. B. daß jemand etwas genau-nimmt, daß er sich flehentlich, nachdrücklich, fordernd an einen anderen wendet, daß ihm etwas durch und durch geht, daß ein Ereignis als entscheidend gelten soll, z. B.

per-movere	heftig bewegen,
per-turbare	völlig verwirren,
de-vincere	entscheidend schlagen.

Weiterhin wird von den Verbal-Komposita auch die Art des **Handlungsvollzugs** bezeichnet: Man unterscheidet dabei die **Aktionsart** und den **Aspekt**.

Zu den Aktionsarten ↗ Kapitel 3.Z, 6.Z, 7.Z, 11.Z, 15.Z, 18.Z, zu den Aspekten ↗ Kapitel 19. Z!

Zur Häufigkeit der Verbal-Komposita

Die nachstehende Statistik beruht auf dem Wortbestand von Langenscheidts Handwörterbuch Lateinisch-Deutsch.

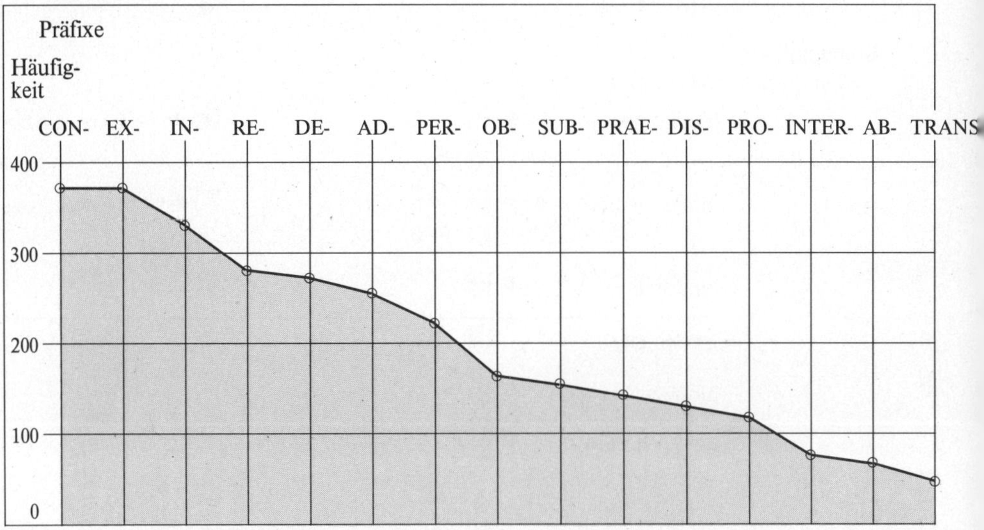
Präfixe
Häufig-
keit
CON- EX- IN- RE- DE- AD- PER- OB- SUB- PRAE- DIS- PRO- INTER- AB- TRANS-
400
300
200
100
0

Die vorstehende Kurve zeigt, daß für die nachstehenden Übungen die am häufigsten auftretenden Präfixe ausgewählt wurden. Zur leichteren Orientierung wurde die Anordnung nach dem Alphabet gewählt.

Seltenere Präfixe (z. B. ANTE-, CIRCUM-, PRAETER-, SE-, SUPER-) mußten beiseite bleiben.

1

A- **AB-** ABS- AS- AU-	1. ab- 2. weg-, los-, fort-

WEG!

AB als Präposition: von;
von ... her; von ... ab;
seit

T

	Stammwort		Grundbedeutung des Kompositums		Herleitung leicht	schwierig
1	ducere	führen	**ab**-ducere	abführen	wegführen	abbringen
	esse	sein	**ab**-esse	abwesend sein	entfernt sein	**fehlen**
	tenere	halten	**abs**-tinere	abhalten		sich enthalten
	terrere	schrecken	**abs**-terrere	abschrecken		
		↗ 2.1	**ab**-ire	abtreten		
2.1	(dare	geben)	**ab**-dere	(weggeben)		**verbergen**
	ferre	tragen, bringen	**au**-ferre	wegtragen, wegbringen	rauben	
	ire	gehen	**ab**-ire	weggehen	abtreten	
	mittere	schicken, gehen lassen	**a**-mittere	wegschicken		**verlieren;** aufgeben
	trahere	ziehen	**abs**-trahere	wegziehen, wegschleppen	fortschleppen	
		↗ 1	**ab**-ducere	wegführen		
2.2	solvere	lösen	**ab**-solvere	loslösen	freisprechen	
2.3		↗ 2.1	**abs**-trahere	fortschleppen		

au- von **ava-*, nicht mit *ab-* verwandt

K Zum Knobeln

1 Versuche zu erklären, wie sich die folgenden Bedeutungen entwickelt haben könnten:

- *amittere* verlieren,
- *abdere* verbergen,
- *abesse* fehlen.

2 Wie läßt sich die Bedeutung „abbringen" von *abducere* herleiten?

3 Wie konnte *abundare* (*unda* Welle, Woge) zu der Bedeutung „Überfluß haben, reich sein (an ...)" kommen?

4 Versuche herauszufinden, warum man *as-portare* (wegtragen) schreibt!

5 Führe die folgenden Formen auf die „Wörterbuchform“ (1. Pers. Sing. Ind. Präs. Aktiv) zurück:

- *ablatos,*
- *afuisse,*
- *amisistis,*
- *abditi,*
- *abissem.*

W Zum Weiterdenken

1 Weitere Verbal-Komposita

1.1 Erschließe die Grundbedeutung von:

- *ab-dicere,*
- *ab-errare,*
- *ab-icere,*
- *ab-igere*
- *abs-cedere,*
- *au-fugere.*

1.2 Bestimme die Wortfuge bei:

- *abscīdere,*
- *abscindere,*
- *absistere,*
- *absterrere.*

1.3 Wie lassen sich die angegebenen Bedeutungen der folgenden Verben an die zu erwartenden Grundbedeutungen anschließen?

► Arbeitsbeispiel: *ab-ducere* abführen (→abbringen→abspenstig machen)→zum Abfall verleiten.

- *ab-horrere* zurückschrecken,
- *ab-iungere* ausspannen,
- *ab-uti* mißbrauchen.

2 Anwendung auf Nominal-Komposita

2.1 Mit dem Suffix *-tio/-sio* von Verbalstämmen abgeleitete Substantive bezeichnen eine Handlung, z. B. *ab-solvere* freisprechen – *ab-solu-tio* die Freisprechung, der Freispruch.

Erschließe dementsprechend die Grundbedeutung von:

- *ab-iectio (ab-icere),*
- *ab-rasio (ab-radere),*
- *a-missio (a-mittere),*
- *a-versio (a-vertere).*

Litteris se abdidit.

2.2 Erschließe anhand entsprechender Fremdwörter die Bedeutung von:

- *ab-ruptus,*
- *ab-surdus.*

2.3 Wie lassen sich die angegebenen Bedeutungen der folgenden Adjektive an die zu erwartenden Grundbedeutungen anschließen:

- *ab-similis* unähnlich,
- *ab-normis* unregelmäßig (*norma* Richtmaß).

S Zur Selbstkontrolle

1 … ohne mich! (Nach Theophrast, Charaktere)

1. Multum **ab**est, ut bonus miles sit Timorix[1],
   nam non ignorat, quanta pericula in bello immineant.
2. Itaque proeliis **abs**tinere studet,
   ne ab hostibus **ab**ducatur,
   ne in servitutem **abs**trahatur,
   ne vitam **a**mittat.
3. Ecce! Cohors **ab**itura Timorigem **abs**entem exspectat,
   qui ubique gladium **a**missum quaerit,
   quem ipse **abs**tulit et diligentissime in tabernaculo[2] **ab**didit …

2 Häufigere Wortverbindungen

a patria abesse – divitiis abundare – comites amittere – capitis absolvere – proeliis abstinere – domo abire – pecuniam auferre – praedam avehere – captivos abducere – se abdere – reum in insulam amovere

3 Ein Hexameter

Máximus á carís dolor ést abscédere amícis.

Ordne die Satzglieder in das folgende Schema ein und übersetze!

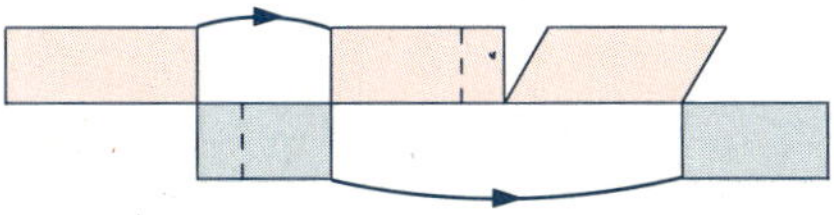

1 Tímorix, -rígis: *„Hasenfuß“*

2 tabernáculum, -i: *Zelt*

4 Welches Verbum paßt?

(auferre, abire, abstrahere, abstinere, abdere, abducere)

cerevisiā ....
(cerevisia, -ae: *Bier*)

latronem ....

patrem .... salutare

hominem vulneratum ....

Ubi amicus se ....?

curriculum immobile ....

2

A- AC- **AD-** AF- AG- AL- AN- AP- AR- AS- AT-	1. an-, heran- 2. bei-, herbei-, dabei- 3. zu-, hinzu-, dazu- 4. auf-, hinauf-

ZU ... HIN

AD als Präposition: an, bei, zu, zu … hin

T

	Stammwort		Grundbedeutung des Kompositums		Herleitung leicht	Herleitung schwierig
1.1	capere	nehmen, fassen	**ac**-c**i**pere	annehmen	empfangen	**vernehmen**
	(cumulus	Haufen)	**ac**-cumulare	anhäufen	aufhäufen	
	emere	nehmen	**ad**-**i**mere	an sich nehmen		**wegnehmen,** rauben
	figere	heften	**af**-figere	anheften	festmachen	
	(g)noscere	erkennen	**a**-gnoscere	anerkennen		wiedererkennen
	iungere	verbinden	**ad**-iungere	(anbinden), anschließen	hinzufügen	
	petere	erstreben, verlangen	**ap**-petere	(anstreben)	erstreben	verlangen (nach . . .)
	rapere	reißen, rauben	**ar**-r**i**pere	an sich reißen	hastig ergreifen	
	(specere	blicken)	**a**-sp**i**cere	(anblicken), ansehen	erblicken	
	venire	kommen	**ad**-venire	ankommen	herankommen	
		↗ 1.2	**ag**-gredi	angreifen		
		↗ 1.2	**ad**-hibere	anwenden		
		↗ 1.2	**ad**-ire	angreifen		
		↗ 1.2	**ad**-movere	anwenden		
1.2	agere	treiben, führen	**ad**-**i**gere	herantreiben		drängen
	cedere	gehen, „rücken“, weichen	**ac**-cedere	heranrücken, herantreten	hinzutreten, dazukommen	
	ducere	führen	**ad**-ducere	heranführen		**veranlassen**
	gradi	gehen, schreiten	**ag**-gredi	herangehen		**angreifen**
	habere	haben, halten	**ad**-h**i**bere	(heranhalten), heranziehen	hinzuziehen	dazunehmen, **anwenden**
	ire	gehen	**ad**-ire	herangehen	aufsuchen	**angreifen**
	movere	bewegen	**ad**-movere	(heranbewegen), heranbringen		**anwenden**
		↗ 1.1	**ad**-venire	herankommen		
2.1		↗ 2.3	**ad**-esse	beistehen		
2.2	currere	laufen, eilen	**ac**-currere	herbeieilen		
	ferre	tragen, bringen	**af**-ferre	herbeibringen		**melden**
	vocare	rufen	**ad**-vocare	herbeirufen	zu Hilfe rufen	
2.3	esse	sein	**ad**-esse	(dabeisein)	anwesend sein	**helfen**, beistehen

	Stammwort		Grundbedeutung des Kompositums		Herleitung leicht	schwierig
3.1	cadere	fallen	**ac**-c**i**dere **ac**-c**i**dit	(zufallen) (es geschieht durch Zufall)		sich ereignen es ereignet sich, es kommt vor
	mittere	gehen lassen, schicken	**ad**-mittere	zulassen		**loslassen**
3.2	(dare	geben)	**ad**-dere	(hinzugeben), hinzufügen		
		↗ 1.2	**ac**-cedere	hinzutreten		
		↗ 1.2	**ad**-hibere	hinzuziehen		
		↗ 1.2	**ad**-iungere	hinzufügen		
3.3		↗ 1.2	**ac**-cedere	dazukommen		
		↗ 1.2	**ad**-hibere	dazunehmen		
4.1		↗ 1.1	**ac**-cumulare	aufhäufen		
		↗ 1.2	**ad**-ire	aufsuchen		
4.2	(scandere	steigen)	**a**-scendere	hinaufsteigen	ersteigen	

K Zum Knobeln

1 Warum schreibt man wohl
- *agnoscere* (statt *adgnoscere*),
- *aspicere* (statt *adspicere*),
- *ascendere* (statt *adscendere*)?

2 Das Verbum *accusare* bedeutet „anklagen“. Wie läßt sich diese Bedeutung von einer der Bedeutungen des Substantivs *causa* herleiten?

3 Das Verbum *accipere* bedeutet auch „vernehmen“ (im Sinne von „hören“). Wie läßt sich diese Bedeutung mit der Bedeutung „annehmen“ vereinbaren?

4 Für *adimere (< ad-emere)* lernt man die Bedeutung „wegnehmen“, die nicht zu den Angaben in unserer Tabelle paßt. Wie läßt sich die Brücke zu der eigentlich erwarteten Bedeutung herstellen?

5 Das Adjektiv *propinquus* bedeutet „benachbart, nahe“. Welche Grundbedeutung hat folglich das Verbum *ap-propinquare*?

6 Auf welche lateinischen Verben lassen sich die folgenden Fremdwörter zurückführen:
- aggressiv,
- akzeptabel,
- Advokat,
- Aspekt,
- Advent,
- Appetit,
- Apposition,
- Akku(mulator).

W Zum Weiterdenken

1 Weitere Verbal-Komposita

1.1 Erschließe die Grundbedeutung von:

– *ad-orare,*	– *ac-clamare,*
– *ad-urere,*	– *ac-crescere,*
– *ad-vehere,*	– *ac-quirere;*
– *ad-volvere;*	– *ag-gerere.*

1.2 Bestimme die Wortfuge bei:

- *ascendere,*
- *aspergere,*
- *ascribere.*

1.3 Wie lassen sich die angegebenen Bedeutungen der folgenden Verben an die zu erwartende Grundbedeutung anschließen?

- *af-ficere (facere)* versehen (mit ...)
- *ap-parere (parēre)* zum Vorschein kommen.

2 Anwendung auf Nominal-Komposita

2.1 Die Suffixe *-tor/-trix* kennzeichnen Personen, die eine bestimmte Tätigkeit ausüben, z. B. *imperare* befehlen – *imperator* Befehlshaber.

Erschließe dementsprechend die Grundbedeutung von:

– *(hortari)*	*adhortator*	–
– *(iuvare)*	*adiutor*	*adiutrix*
– *(sedere)*	*assessor*	–
– *(firmare)*	*affirmator*	–

2.2 Erschließe mit Hilfe von Fremdwörtern die Bedeutung von:

– *adoptio,*	– *accentus, -ūs,*
– *adoptivus,*	– *affectus, -ūs.*

VERSUS
ORATIO
Orationi versus admiscet.

S Zur Selbstkontrolle

1 Bankraub!

1. Alfius faenerator[1] multis hominibus **ad**euntibus gaudet.
2. **Ac**cedunt alii pecuniam creditam[2] **ac**cepturi,
   alii nummos **af**ferunt, ut debitis absolvantur.
3. Dum Alfius nummos ridens **ac**cumulat,
   accidit, ut eum Leo latro **as**piciat.

4. Cupidine **ad**ductus pecuniaeque **ap**petens
   accurrit, vim **ad**hibet, nummos **ad**imit –
   et tam cito, quam **ad**venit, abiit.
5. Frustra Alfius **ad**-stantes **ad**monet:
   „**Ad**este mihi, **ad**iuvate me, cives!
6. Nonne Leonem latronem me **ag**gredientem vidistis?
7. Ego eum statim **ag**novi,
   sed celerius pecuniam **ar**ripuit ...
8. O, quid mihi **ac**cidit?
9. **Af**flictus, spoliatus, perditus sum!"
10. Num **ad**mirandum est, cur nemo faeneratorem avarum **ad**iuverit?

2 Bestimme in den beiden folgenden Sätzen Wortart und syntaktische Funktion von CUSTODI!

Croesus militi cuidam:

1. „Custodi diligenter opes meas!"
2. „Custodi diligenti magna praemia dabo."

Welche weiteren Satzglieder gaben Dir einen Lösungshinweis?

3 Häufigere Wortverbindungen

proditionis accusare – dolum adhibere – consulatum appetere – deos adorare – in periculum adducere – cruci affigere – ad mortem adigere – poena afficere – ad sermonem admittere

4 Ein Pentameter

Áddiscúnt iuvenés, quód cecinére senés.

Welche deutschen Verse besagen dasselbe?

Vim sunt allaturi!

5 Welches Verbum paßt?

(adigere, accipere, ascendere, aspicere, accumulare, advenire) – Bilde Sätze!

Schalter 8

litteras ....

1 faenerator, -oris m: *Geldverleiher, Bankier* 2 pecunia crédita: *Darlehen*

tabulas ....

fenum .... (fenum, -i n: *Heu*)

bovem ad stabulum ....

medicus ....

iuvenis noctu scalis ....
(scalae, -arum: *Leiter*)

3

CO- **COL-** **COM-** **CON-** **COR-**	1. zusammen- 2. überein-
	3. zustande, fertig-, voll- 4. fest-
	5. be- 6. er-

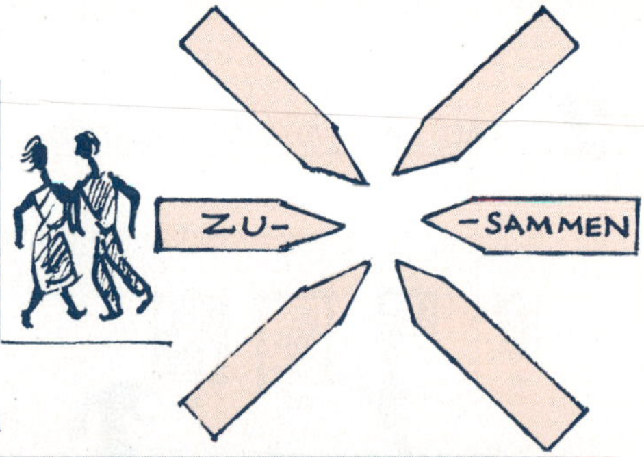

ZU-
-SAMMEN

CUM als Präposition: (zusammen) mit; in Begleitung von

T

	Stammwort		Grundbedeutung des Kompositums		Herleitung leicht	schwierig
1	currere	laufen, eilen	**con**-currere	zusammenlaufen	zusammenstoßen	
	ducere	führen	**con**-ducere	zusammenführen		(Soldaten) **anwerben**; mieten
	ferre	tragen, bringen	**con**-ferre	zusammentragen, zusammenbringen	vergleichen	
	iacere	werfen	**con-i**cere	zusammenwerfen	schleudern	**vermuten**
	nectere	knüpfen	**co**-nectere	(zusammenknüpfen) zusammenbinden	verknüpfen, verbinden	
	ponere	stellen, setzen, legen	**com**-ponere	zusammenstellen	vergleichen	ordnen; **verfassen**, **beisetzen**
	premere	drücken	**com**-pr**i**mere	zusammendrücken		unterdrücken
	scribere	schreiben	**con**-scribere	(zusammenschreiben)	verfassen	(Soldaten) **ausheben**
	tenere	halten	**con**-t**i**nere	zusammenhalten	festhalten	behalten
	venire	kommen	**con**-venire	zusammenkommen	zusammenpassen	zustande kommen; **sich einigen**
2	sentire	fühlen, meinen	**con**-sentire	(übereinstimmend fühlen)	übereinstimmen, gleicher Meinung sein	
3.1	mittere	schicken, gehen lassen	**com**-mittere	zustande bringen		**anvertrauen**
		↗ 1	**con**-venire	zustande kommen		
3.2	facere	machen, tun	**con**-f**i**cere	fertigmachen	vollenden, erledigen	
3.3		↗ 3.2	**con**-f**i**cere	vollenden		
4	prehendere	greifen, fassen, fangen	**com**-prehendere	festnehmen	ergreifen	**begreifen**, erfassen
	stare	stehen	**con**-stare	feststehen	Bestand haben	bestehen (aus . . .); **kosten**
			con-stat	es steht fest	es ist bekannt	
	statuere	stellen, setzen	**con**-st**i**tuere	festsetzen	aufstellen	beschließen
	tendere	spannen	**con**-tendere	(fest anspannen)	sich anstrengen	**eilen**, **kämpfen**; **behaupten**
		↗ 1	**con**-t**i**nere	festhalten		

3 CO- / COL- / **COM-** / CON- / COR-

	Stammwort		Grundbedeutung des Kompositums		Herleitung leicht	Herleitung schwierig
5	fateri	sprechen, bekennen	**con**-fiteri	bekennen	gestehen	offenbaren
	firmare	kräftigen, stärken	**con**-firmare	bekräftigen	stärken, verstärken	
	movere	bewegen	**com**-movere	bewegen	beeindrucken	**veranlassen**
	parare	bereiten	**com**-parare	bereiten	beschaffen, verschaffen	
	regere	lenken, „richten“	**cor**-rigere	berichtigen	verbessern	
	(scandere	steigen)	**con**-scendere	besteigen	ersteigen	
	servare	bewahren, retten	**con**-servare	bewahren	beibehalten; retten	
		↗ 1	**con**-tinere	behalten		
		↗ 4	**com**-prehendere	begreifen		
		↗ 4	**con**-stare	bestehen		
		↗ 4	**con**-tendere	behaupten		
		↗ 4	**con**-stituere	beschließen		
6	(quatere	schütteln)	**con-cu**tere	erschüttern	erschrecken	
	sectari	folgen	**con**-sectari	(stets folgen)	erstreben	nachjagen
	sequi	folgen	**con**-sequi	(unmittelbar nachfolgen)	erreichen	**einholen**
	(specere	blicken)	**con**-spicere	erblicken		
		↗ 3.2	**con**-ficere	erledigen		
		↗ 4	**com**-prehendere	ergreifen, erfassen		
		↗ 5	**con**-scendere	ersteigen		

K Zum Knobeln

1 Versuche zu erklären, wie *conducere* (zusammenführen) die Bedeutung „mieten“ annehmen konnte!

2.1 Wie kann das Verbum *conscribere* (wörtl. „zusammenschreiben“) zu der Bedeutung „(Soldaten) ausheben“ gekommen sein?

2.2 Vergleiche damit die Bedeutungsentwicklung von *conducere*!

3 Das Verbum *comprehendere* (ergreifen) hat auch die Bedeutung „begreifen“. Wie läßt sich der Zusammenhang mit der Grundbedeutung herstellen?

4 Bei der Übersetzung ins Deutsche wird zwischen *movere* und *commovere* meistens kein Unterschied gemacht.

4.1 Wie könnte man die Bedeutungsnuance doch ausdrücken?

4.2 Suche weitere Komposita mit COM-, für die ähnliches gilt!

5 Nach Ausweis des DUDEN schreibt man im Deutschen „Konnex" (Zusammenhang, Verbindung, Annäherung, Bekanntschaft). Was ist als Grund für die Abweichung von lat. *conectere* (Perf. *conexi / conexui, conexum*) zu vermuten?

6 Zu *noscere* (kennenlernen) gehört das Kompositum *cognoscere* (kennenlernen, erkennen, bemerken).
Bestimme die Wortfuge! (Vgl. *agnoscere*!)

7 Mit *sidus* (Gestirn) hängt das Kompositum *considerare* (betrachten, bedenken, erwägen) zusammen.
Welcher Zusammenhang zwischen den angegebenen Bedeutungen und der des Wortes *sidus* ist anzunehmen? (Die Römer waren ein Bauernvolk!)

8 Zu dem wenig gebräuchlichen Stammwort *quatere* (schütteln) gehört das Kompositum *concutere* (erschüttern, erschrecken).
Welche Lautveränderung ist hier festzustellen? (Vgl. z. B. *sequor – secutus sum – secundus*!)

9 Wodurch wird in den folgenden drei Sätzen die Bedeutung von *contendere* jeweils festgelegt?

Caesar { *in Galliam Transalpinam* / *cum multis gentibus fortibus* / *milites suos labores non horruisse* } *contendit.*

10 In den folgenden Sätzen sind je drei Prädikate zur Auswahl angeboten. Stelle fest, welches am besten paßt!

1. Tandem pax (consentit/convenit/conficit).

2. Catilina multa scelera (commisit/conflixit/coniecit).

3. Romulus Romam (comparavit/concussit/condidit).

4. (Componamus/Consulamus/Consumamus) viros sapientes!

5. Id, quod petis, (concedam/consuescam/corrumpam).

W Zum Weiterdenken

1 Weitere Verbal-Komposita

1.1 Erschließe die Grundbedeutung:

- *con-iungere,* - *con-gredi,*
- *con-trahere,* - *col-loqui.*
- *con-vocare,*

INTERFECTOR
HOSTIS
LATRO
FUR
Maledicta in reum congerunt atque coniciunt.

1.2 Wie lassen sich die angegebenen Bedeutungen der nachstehend aufgeführten Komposita auf die jeweils zu erwartende Grundbedeutung zurückführen?

- *com-plecti* *umfassen, umarmen*
- *con-cludere* *einschließen, folgern*
- *con-fugere* *sich flüchten*
- *con-sidere* *sich setzen, sich niederlassen.*

1.3 Von *agere* (führen, treiben) bzw. *agitare* (treiben) leiten sich die folgenden Komposita her:

- *cogere* sammeln, zwingen
- *cogitare* denken, bedenken, gedenken, beabsichtigen.

Welche Lautregel wurde hier wirksam?

Vergleiche aber:

- *co-ercere* in Schranken halten, zügeln
- *co-emere* zusammenkaufen!

1.4 In dem Kompositum *comparare* fallen zwei verschiedene Verben zusammen, die sich nur äußerlich gleichen. Das eine leitet sich von *par* (das Paar) her, das andere von *parare* (bereiten).

1.4.1 Auf welches der beiden Stammwörter ist *comparare* in der Bedeutung „vergleichen" zurückzuführen?

1.4.2 Welche anderen mit COM- gebildeten Komposita bedeuten ebenfalls „vergleichen"?

1.5.1 Stelle fest, von welchen Verben die folgenden Fremdwörter herzuleiten sind, und vermerke auch, ob sie vom Präsens-Stamm (PSt) oder vom PPP gebildet wurden!

Kommission - Komponist - Kontrakt - Konfekt - Kompressor - Konvent - Kontinent - Konfirmand - Konflikt - Konsens - konstant - Kongreß - Konkurs - Colloquium - Konsulent - korrigieren - korrupt - Konfession - korrekt - Konserve - Konzession - konziliant - Konjunktion - Komposition - Konsument - konsequent - Konferenz.

1.5.2 Welche der angeführten Wörter gehen auf ein lateinisches Partizip Präsens Aktiv zurück?

1.5.3 Wo entdeckst Du ein Gerundiv als Ausgangsform?

2 Anwendung auf Nominal-Komposita

2.1 Außerordentlich zahlreich sind Substantive, die von Verbal-Komposita mittels des Suffixes *-tus/-sus* (*u*-Dekl.) hergeleitet sind.

Erschließe die Bedeutung von:

(com-plecti)	*complexus, -ūs*
(con-currere)	*concursus, -ūs*
(con-gredi)	*congressus, -ūs*
(con-fligere)	*conflictus, -ūs*
(con-spicere)	*conspectus, -ūs*
(con-tingere)	*contactus, -ūs*
(con-texere)	*contextus, -ūs*
(con-venire)	*conventus, -ūs.*

2.2 Der Stamm des Partizips Präsens Aktiv wird durch Anfügen des Suffixes *-nt-* an den Präsens-Stamm gebildet, z. B. *laudare* (loben), *lauda-nt-*.

Von diesem Partizip-Stamm lassen sich Substantive ableiten, die die Ausgänge *-antia, -entia* aufweisen.

So gebildete Substantive zeigen meistens eine Eigenschaft an.

Erschließe demnach:

(con-fidere)	*confidentia, -ae*
(con-tinere)	*continentia, -ae*
(con-stare)	*constantia, -ae.*

2.3 Eine Gemeinsamkeit bezeichnen Substantive der folgenden Art:

- *co-aequalis,*
- *co-gnatus,*
- *co-heres,*
- *col-lega,*
- *con-civis.*

Gib jeweils die Bedeutung an!

2.4 Erschließe die Bedeutung der folgenden Adjektive anhand von Fremdwörtern:

- *col-lectivus* *(col-ligere),*
- *con-formis* *(forma),*
- *con-sonans* *(con-sonare).*

2.5 Das Geschichtswerk des Titus Livius (59 v. bis 17 n. Chr.) trägt den Titel *Ab urbe condita.*

1 Übersetze den Titel!

2 Was geschah *anno a. u. c. DCCIX*?

S Zur Selbstkontrolle

1 Es ist genug!

1. Multi homines in Capitolium **con**venerunt,
   ut orationem C. Gracchi tribuni audirent,
   qui plebem in agro publico **con**stituturus est.
2. Plurimi cum tribuno **con**sentiunt
   verbisque eius **com**moti magno clamore postulant,
   ut superbia senatorum **com**primatur.
3. „Si vos me adiuveritis", inquit Gaius,
   multa mala rei publicae **cor**rigentur,
   ea, quae frater meus conatus est, **con**ficientur,
   scelera a senatoribus **com**missa punientur.
4. Inter omnes **con**stat ab eis Livium Drusum tribunum
   pecunia **con**ductum esse,
   ut concordiam plebis **con**cuteret."
5. Quibus verbis auditis multitudo vix **con**tineri potest:
   „**Com**prehendamus Livium Drusum!
   Cogamus eum, ut crimina **con**fiteatur!"
6. Subito C. Gracchus lictorem[1] **con**spicit
   multis vulneribus **con**fectum.
7. Quo aspectu **con**cussus Gracchus consiliis **com**mutatis
   e Capitolio fugit;
   fugiunt et multi eorum, qui ei **con**fisi erant.
8. Gracchus autem, ne adversarii se **con**sectentur,
   a servo fido petit,
   ut eius gladio interficiatur.

2 Bestimme in den beiden folgenden Sätzen die Bedeutung von *conicere*, und vermerke, welche Hinweise Dir der Text dazu gibt!

1. Hamilcar se in medios hostes **con**iecit.
2. Oraculo accepto Themistocles **con**iecit
   moenibus ligneis[2] naves significari.

3 Ita naturā **com**parati sumus,
ut proximorum incuriosi[3] longinqua sectemur.

Welches deutsche Sprichwort kritisiert die gleiche Verhaltensweise des Menschen?

---

1 lictor, -oris m: *Liktor (Polizeibeamter)*
2 lígneus, -a, -um: *hölzern*
3 in-curiosus, -a, -um *(m. Gen.): ohne Interesse (für ...)*

4 Etwas Bewegung, bitte!

Ordne die folgenden Verben der Fortbewegung den Skizzen zu, die ihre Grundbedeutung am besten ausdrücken!

Gelegentlich passen zu einer Skizze mehrere Wörter.

currere - abire - convenire - accedere - ire - contendere - concurrere - properare - adire - petere - accurrere - aggredi - ruere - vadere - ferri - volare - vehi - navigare - appropinquare

a) 

b) 

c) 

d) 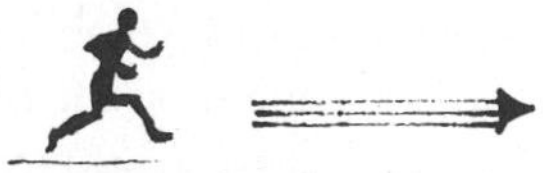

e) 

f) 

g) 

h) 

5 In welchem der folgenden Sätze läßt sich das (durch ein Objekt erweiterte) Prädikat durch eine Form von *abire* ersetzen?

a) Patria expulsus Hannibal se in Cretam contulit.

b) Ibi omnia bona sua in domum quandam contulit.

6 Häufigere Wortverbindungen

iram coercere - magno constare - inter omnes constat - in urbem contendere - mortem sibi consciscere - oraculum consulere - saluti civium consulere - res futuras cognoscere - pericula contemnere - pax convenit - tempus consumere - proelium committere - vitam undis committere - libros componere - culpam contrahere - confligere cum hostibus - prudentiam cum eloquentia coniungere - vitia corrigere - bellum conficere - animos civium concitare - reum convincere - victoriam consequi - urbem condere - merces coemere - navem conscendere - de rebus futuris conicere - cum amico colloqui - turris corruit - moenia concidunt.

7 Welches Verbum paßt?

(conspicere, concurrere, conscendere, comparare, conectere, comprehendere, corrigere, comportare, consequi, continere, componere) - Mitunter sind Sätze erforderlich!

3 CO- / COL- / **COM-** / CON- / COR-

furem ....

fugitivum ....

canem ....

arcem in colle
sitam ....

Markus

mendum ....
(mendum, -i: *Fehler*)

navem ....

homines ....

funes .... sunt
(funis, -is m: *Seil, Tau*)

cenam ....

vasa ....
(vas, vasis n: *Gefäß, Geschirr*)

sellae ....
(sella, -ae: *Sitz, Stuhl*)

Z Aktionsarten

1 Bei zahlreichen Komposita erkennt man bereits an der Wörterbuch-Form, ob sie in einem Handlungszusammenhang verwendet werden können,
der als fortdauernd **(durativ[1])** oder
als augenblicklich **(punktuell[2])**
zu verstehen ist.

Im Lateinischen findet sich die punktuelle Aktionsart häufig bei den Komposita mit COM-,

z. B. *sequor* ich folge (weiterhin),
consequor ich hole ein (in diesem Augenblick).

Im Deutschen kann dieser Sachverhalt auch mit Vorsilben ausgedrückt werden, die nicht oder nicht mehr als selbständige Wörter (Adverbien oder Präpositionen) vorkommen, z. B.

BE-, ER-

1 durare: *andauern* 2 punctum (temporis): *(Zeit-)Punkt*

BE- entspricht dem selbständigen Wort „bei".
Dementsprechend besagen mit „be-" gebildete Komposita in der Regel, daß etwas
beigefügt
(z. B. beschriften, bemalen)
und damit ein **Ergebnis** erreicht wird
(z. B. berichtigen, beschließen).

legen : belegen

ER- entspricht der Vorsilbe „ur-", die soviel wie „aus", „anfänglich" bedeutet (vgl. Ursprung, Urkunde).
Dementsprechend besagen mit „er-" gebildete Komposita in der Regel, daß eine Handlung **vom Ursprung an** oder **bis zum Ergebnis** verfolgt wird
(z. B. erröten, erkranken, erblühen: *incohativ*[1] – erblicken, erfassen, ergreifen: *punktuell*).

reichen : erreichen

2.1 Betrachte die nachstehenden Wortpaare!
In welcher der beiden Reihen erkennst Du bereits am Infinitiv Präsens, daß sich die aufgeführten Verben zur Darstellung von **punktuellen** Ereignissen eignen?

A		B
besteigen	–	ersteigen
benennen	–	ernennen
berechnen	–	errechnen
beschießen	–	erschießen
begründen	–	ergründen

2.2 Die folgenden Verben bezeichnen Sehvorgänge:
aspicere – videre – conspicere – intueri – contueri – contemplari – spectare
Bei welchen von diesen Infinitiven vermutest Du die **durative** Aktionsart?

1 incohare (*auch:* inchoare): *anspannen, beginnen. – Im Lateinischen werden die* verba incohativa *durch Anfügen des Suffixes* -**sc**-e- *an den Präsens-Stamm gebildet, z. B.* valē-re *gesund/kräftig* ***sein***; con-valē-**sc**-e-re *gesund/kräftig* ***werden****, sich erholen.*

4

AB- AD- COM-	Zusammenfassender Test

Es gibt jeweils nur eine Lösung. Kreuze sie an!

1. Welches der folgenden Verben ist **nicht** mit *ab-* gebildet?

amittere	w
aspicere	x
amovere	y
asportare	z

2. Eines der folgenden Komposita fällt aus der Reihe:

abstrahere	w
absolvere	x
absterrere	y
abstinere	z

3. Nur eine der aufgeführten Bedeutungen trifft für *adimere* zu:

annehmen	w
wegnehmen	x
aufnehmen	y
hinzunehmen	z

4. Ein Dieb handelt anders als ein Räuber. Welche Zeile bietet die richtige Zuordnung der Handlungen?

auferre – abstrahere – arripere – adimere	w
arripere – auferre – adimere – abstrahere	x
abstrahere – arripere – auferre – adimere	y
adimere – auferre – arripere – abstrahere	z

5. Nur bei einer der folgenden Verbalformen handelt es sich um einen unpersönlichen Ausdruck:

adigit	w
arripit	x
accidit	y
accipit	z

6. In welchem der folgenden Sätze kann *audire* an die Stelle von *accipere* treten?

Constat nonnullos imperatores Romanos etiam ab hoste pecuniam accepisse.	w
A viris doctis accepimus Lydos nummorum usum invenisse.	x
Romani ab Hannibale complures clades acceperunt.	y
Athenis ab hospite bene acceptus sum.	z

7. Was versteht man unter einer Kompresse?	
eine junge Gräfin	w
eine Heilpflanze	x
einen Verband	y
eine Zeitungsbeilage	z
8. Auf welches der nachstehenden Komposita trifft eine Übersetzung mit „fest-..." **nicht** zu?	
comprehendere	w
constituere	x
confirmare	y
constare	z
9. Welcher Vokal ist in *conger.s* einzusetzen, wenn ein Futur I entstehen soll?	
a	w
e	x
i	y
u	z
10. Welches der nachstehenden Verben kennzeichnet den Abschluß einer Handlung?	
concurrere	w
conficere	x
conferre	y
comparare	z
11. Eine der nachstehenden Bedeutungen trifft auf das Wort „Komplex" **nicht** zu:	
Gebäudegruppe	w
Zusammenfassung	x
Zwangsvorstellung	y
Mordanschlag	z
12. Eine der nachstehenden Verbalformen kann das Präsens **und** das Perfekt bezeichnen:	
coegit	w
coemit	x
coercuit	y
consentit	z
13. Welche der folgenden Zeilen entspricht den Bedeutungen „vermuten – verbessern – vergleichen – veranlassen"?	
conicere – conferre – commovere – corrigere	w
corrigere – conicere – conferre – commovere	x
conicere – corrigere – conferre – commovere	y
conferre – commovere – corrigere – conicere	z

14. Welche der angegebenen Verbformen paßt in den folgenden Satz? *Militibus monitis Caesar proelium ....* *contendit* *composuit* *commisit* *constituit*	 w x y z
15. Eines der folgenden Verben ist bedeutungsgleich mit *suspicari*: *conicere* *conciliare* *confiteri* *commovere*	 w x y z
16. Nur eine der folgenden Formen von *solere* könnte als Ersatz für *consuevissem* dienen: *solitus essem* *soleam* *solerem* *solitus sim*	 w x y z
17. In welcher der folgenden „defekten Formen" fehlen die Vokale *o - u - i - i*? *c.ng.ss.m.s* *c.nt.l.st.s* *c.mp.s..t* *c.nf.t..r*	 w x y z
18. In dem Satz *Timore adducti milites se fuga servare studebant* kann *adducti* ersetzt werden durch *comprehensi* *commoti* *comparati* *correcti*	 w x y z
19. *„Abest, non deest!"* sagte ein Wittenberger Professor, als er das Fehlen eines ziemlich uninteressierten Studenten bemerkte. Mit diesem Satz wollte er ausdrücken, daß er den Studenten im Geist vor sich sehe. sich wegen seines Fehlens Sorgen mache. ihn nicht vermisse. fest damit rechne, er werde bald wieder erscheinen.	 w x y z

5

DE-	1. herab- 2. ab- 3. weg-
	4. deutlich, genau 5. entscheidend

HERAB

DE als Präposition: von; von … her; von … herab; über

T

	Stammwort		Grundbedeutung des Kompositums		Herleitung leicht	Herleitung schwierig
1	ferre	tragen, bringen	**de**-ferre	herabbringen		überbringen, hinterbringen, melden
	iacere	werfen	**de**-**i**cere	herabwerfen		herabreißen, umstürzen; vertreiben
	mittere	schicken, gehen lassen	**de**-mittere	herablassen	sinken lassen	
	(scandere	steigen)	**de**-**sc**endere	herabsteigen	herabkommen	
	(specere	blicken)	**de**-spicere	herabblicken	verachten	
2	legere	lesen, auswählen	**de**-**li**gere	(ablesen)	auswählen	**wählen**, erwählen
	(libra	Waage)	**de**-liberare	abwägen	überlegen	erwägen
	ponere	stellen, setzen, legen	**de**-ponere	ablegen	niederlegen	aufgeben
	sinere	lassen	**de**-sinere	ablassen	aufhören	
	tegere	decken	**de**-tegere	(abdecken)	aufdecken	entdecken, enthüllen
	terrere	schrecken	**de**-terrere	abschrecken	abhalten	
	trahere	ziehen	**de**-trahere	abziehen	abstreifen	
		↗ 3	**de**-cedere	abtreten		
		↗ 3	**de**-ducere	abführen		
		↗ 3	**de**-fendere	abwehren		
		↗ 3	**de**-ficere	abfallen		
		↗ 3	**de**-sistere	ablassen		
3	capere	nehmen, fangen, fassen	**de**-**ci**pere	(wegfangen)		**täuschen**
	cedere	gehen, „rücken", weichen	**de**-cedere	weggehen	abtreten	**sterben**
	ducere	führen	**de**-ducere	wegführen	abführen	hinführen
	facere	machen, tun	**de**-**fi**cere	(sich weg-/davonmachen)	abfallen	**fehlen**
	(*fendere	stoßen)	**de**-fendere	(wegstoßen)	abwehren	**verteidigen**
	pellere	treiben	**de**-pellere	wegtreiben	vertreiben	
	prehendere	greifen, fassen, fangen	**de**-prehendere	(wegfangen)	ergreifen	ertappen
	sistere	sich stellen	**de**-sistere	(sich wegstellen)		ablassen (von …), **aufhören**
	statuere	stellen, setzen	**de**-**sti**tuere	(wegstellen)		verlassen, **im Stich lassen**

	Stammwort		Grundbedeutung des Kompositums		Herleitung leicht	schwierig
4	(clarare	erhellen)	**de**-clarare	(deutlich bezeichnen)	erklären	verkünden
	(monstrare	zeigen)	**de**-monstrare	genau bezeichnen	darlegen	**beweisen**, nachweisen
	scribere	schreiben	**de**-scribere	(genau schreiben)	beschreiben,	bestimmen
5	cernere	sichten, scheiden	**de**-cernere	entscheiden	beschließen	
	certare	kämpfen, streiten	**de**-certare	um die Entscheidung kämpfen		
	vincere	siegen	**de**-vincere	entscheidend besiegen		

K Zum Knobeln

1 An dem Kompositum *de-icere* (herabwerfen) fällt eine Lautveränderung gegenüber dem Verbum simplex *iacere* auf. Vgl. auch *ab-icere, ad-icere, con-icere*!

Was ergibt sich für den Verbleib des Lautes *a*, wenn man zugrunde legt, daß *de-icere* wie *„de-jicere"* ausgesprochen wurde?

2 Die Komposita zu *dare* werden (mit Ausnahme von *circúm-dare*) nicht von dem Stammwort *dare* (der *ā*-Konjugation) gebildet, sondern von *-dere* (Konsonant. Konjugation), das seinerseits von einer Wortwurzel **dhē* („setzen") herstammt.

2.1 Wie muß folglich das mit DE- zu bildende Kompositum lauten?

2.2 Welche Grundbedeutung ist demnach zu erschließen? (Vgl. *ab-dere, ad-dere, con-dere*!)

3 In der Grammatik spielt das Wort „Deklination" eine wichtige Rolle. Es leitet sich her von dem Kompositum *de-clinare*, das seinerseits mit einer aus dem Griechischen bekannten Wortwurzel *klin-* (*klino* ich beuge, neige) zusammenhängt.

Was muß *declinare* also bedeuten?

4 Das Kompositum *delere* (zerstören) ist auf einem seltsamen Umweg zustandegekommen: Es leitet sich von dem Perfekt *de-levi* (zu *de-linere* wegwischen) her. Die am häufigsten verwendete Bedeutung „zerstören" ist also nicht die ursprüngliche.

Was war mit *delere* eigentlich gemeint?

5 Das Wort *debere* ist ein Kompositum von *habere* (haben). Wenn man annimmt, daß die Grundbedeutung meinte *aliquid de aliquo habere*, kommt man darauf, welche von den angegebenen Bedeutungen die ursprüngliche ist:

sollen, müssen, dürfen, verdanken, verpflichtet sein, schulden.

Benenne die zutreffende Bedeutung!

6 Das Kompositum *debilitare* (schwächen, lähmen) leitet man von der Wortwurzel **bel* (kräftig) her.

Was muß *debilitare* also wörtlich bedeuten?

7 Welche Art von Betrug bzw. Täuschung dürfte *de-cipere* ursprünglich bezeichnet haben? Gehe von der Grundbedeutung aus und berücksichtige die Lebensverhältnisse der ältesten Römer!

8 Du weißt wohl, was ein Horoskop ist (wenn nicht: laß es Dir erklären); kannst Du eine enge gedankliche Verbindung zwischen den Inhalten eines solchen Horoskops und dem lateinischen Verbum *de-siderare* herstellen?

9 Von welchen Verben sind die folgenden Fremdwörter herzuleiten?

Defekt - Detekiv - defensiv - Dekret - Demonstrant - Desperado

10 Das Stammwort *serere* bedeutet „reihen, aneinanderreihen".

10.1 Versuche zu erklären, wie *de-serere* zu seiner im Wort „Deserteur", „desertieren" weiterlebenden Bedeutung gekommen sein muß!

10.2 Nenne andere DE-Komposita mit gleicher oder ähnlicher Bedeutung!

W Zum Weiterdenken

1 Weitere Verbal-Komposita

1.1 Erschließe die Grundbedeutung von:

- *de-currere,* - *de-primere,*
- *de-cutere,* - *de-terere,*
- *de-migrare,* - *de-vitare,*
- *de-minuere,* - *de-volvere.*

1.2 Führe die angegebenen Bedeutungen auf die jeweilige Grundbedeutung des Kompositums zurück:

- *de-linere* bestreichen (*linere* streichen),
- *de-testari* verwünschen (*testari* als Zeugen anrufen),
- *de-lirare* wahnsinnig sein (*lira* Furche),
- *de-sipere* töricht handeln (*sapere* weise sein).

1.3 Erschließe die Bedeutung folgender Komposita:

- *de-clamare,*
- *de-finire,*
- *de-formare,*
- *de-generare,*
- *de-moliri,*
- *de-tonare.*

1.4 Ergänze und übersetze:

adducere	....	*adesse*	....	*ascendere*
deducere	*decedere*	....	*depellere*	....

1.5 Nur aus dem Zusammenhang eines Textes ist erkennbar, ob es sich bei *de-cidere* um ein Kompositum von *cadere (cécidi)* oder von *caedere (cecídi)* handelt.

Übersetze:

Occasio rem bene gerendi quasi decidit de caelo.

1.6 Erschließe:

aperire ≈ *detegere*

operire ≈ ....

2 Anwendung auf Nominal-Komposita

2.1 Die Bedeutung der Suffixe *-tio/-sio* ist Dir inzwischen geläufig (↗ 1.W 2.1).

Erschließe die Bedeutungen von:

(de-dere) *deditio,*
(de-ficere) *defectio,*
(de-lectare) *delectatio,*
(de-liberare) *deliberatio,*
(de-precari) *deprecatio,*
(de-sperare) *desperatio,*
(de-struere) *destructio,*
(de-vovere) *devotio.*

2.2 Das Suffix *-mentum* bezeichnet in der Regel ein Mittel/Werkzeug oder ein Ergebnis, z. B. *medicamentum* Heilmittel, *ornamentum* Schmuck.

Erschließe anhand der angegebenen Verben:

(de-lectare) *delectamentum,*
(de-terere) *detrimentum.*

2.3.1 Erschließe:

a-mens – *a-mentia*

de-mens – ....

2.3.2 Gib die Bedeutungen an!

2.4 Was bedeutet bei wörtlicher Übersetzung:

– *pronomen demonstrativum?*

2.5 Übersetze:

Et dimitte nobis debita nostra
sicut et nos dimittimus debitoribus nostris!

RES DEPONDAE
SPES
Deponere velim.

S Zur Selbstkontrolle

1 Ein wenig Gift für Pyrrhus?

1. Pyrrhus rex, postquam **de**crevit cum Romanis in Italia **de**certare,
exercitus eorum duobus magnis proeliis **de**pulit et **de**vicit.
2. Iam alii sociorum salutem **de**speraverunt,
alii a Romanis **de**fecerunt, eorum sortem **de**spicientes.
3. Romani autem, a multis sociis **de**stituti,
animum non **de**miserunt
Romamque a rege **de**fendere paraverunt.
4. Eo tempore amicus quidam Pyrrhi regis ad consulem Romanum venit eique **de**monstravit
a se regem veneno[1] necari posse.
5. „Facile est", inquit, „Pyrrhum **de**cipere,
et praeterea tale venenum[1] adhibebo,
ut causa mortis **de**tegi non possit,
si rex de vita **de**cesserit."
6. Consul autem non **de**liberavit,
sed rem statim Pyrrho **de**tulit:
7. „Non **de**sinemus bellare,
donec tu arma **de**pones et ex Italia **de**cedes.
8. Dolis autem pugnare nobis non placet.
9. Itaque tibi haec **de**claramus:
„Unus ex amicis tuis te clam interficere **de**crevit.
10. Cave, ne cadas!"

---

1 venenum, -i: *Gift*

2 Häufigere Wortverbindungen

secum deliberare - de salute desperare - gratias debere - proelium deserere - vela demittere - in vincula publica deducere - consules deligere - aedem dedicare - libertatem defendere - furem in ipso facinore deprehendere - bello desistere - adversarios a consilio deterrere - facta versibus describere

3 In Sebastian Brants „Narrenschiff" (1494) findet sich eine Sentenz, die wie folgt ins Lateinische übersetzt wurde:

Mundus vult decipi.

Später wurde hinzugefügt:

Ergo decipiatur!

4 Welches Verbum paßt?

(deesse, descendere, debere, deicere/desinere, delere, deficere) - Bilde Sätze!

ego adsum
ille ....

parvo constat
pecunia me ....

barbari hoc templum ....

XX denarios
mihi ....

hoc vas ....
nisi cantare ....

statim
.......!

6

DI- DIF- DIR- DIS-	1. auseinander- 2. unter- 3. zer-

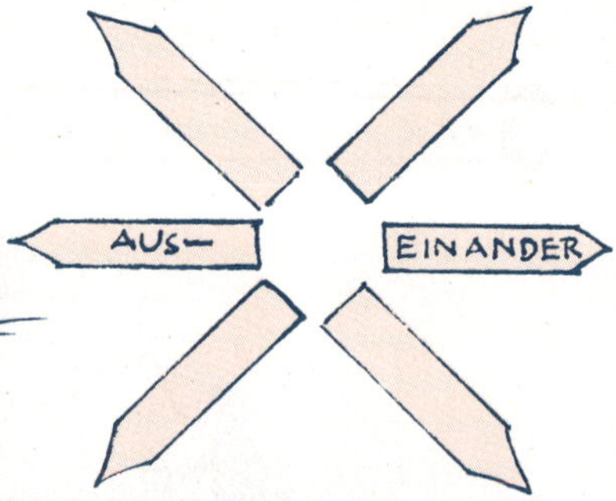
AUS-
EINANDER

DIS kommt nicht als selbständige Präposition vor.

T

	Stammwort		Grundbedeutung des Kompositums		Herleitung leicht	schwierig
1	cedere	gehen, „rücken“, weichen	**dis**-cedere	auseinandergehen	sich zerstreuen	sich entfernen, weggehen
	(crepare	knarren)	**dis**-crepare	(auseinanderknarren)	nicht übereinstimmen	abweichen
	emere	nehmen	**dir-i**mere	(auseinandernehmen)	trennen	unterbrechen
	ponere	stellen, setzen, legen	**dis**-ponere	(auseinanderlegen)	verteilen	**ordnen**; einrichten
	putare	(*auch:*) ordnen	**dis**-putare	(ordnend auseinandersetzen)	erörtern, diskutieren	
	rapere	reißen, rauben	**di**-r**i**pere	(auseinanderreißen)	zerstören	plündern
	sentire	fühlen, meinen	**dis**-sentire	(auseinandergehender/verschiedener Meinung sein)	nicht übereinstimmen	
	serere	reihen, ordnen	**dis**-serere	(ordnend auseinandersetzen)	erörtern	sprechen (über . . .)
	spargere	streuen	**di**-sp**e**rgere	(auseinanderstreuen)	zerstreuen	verbreiten
	stare	stehen	**di**-stare	(auseinanderstehen)	entfernt sein	verschieden sein
	tribuere	verteilen	**dis**-tribuere	(auseinanderteilen)	verteilen	einteilen
2	cernere	sichten, scheiden	**dis**-cernere	unterscheiden	trennen	
	iudicare	richten	**di**-iudicare	unterscheiden	entscheiden	
	(stinguere	stechen)	**di**-stinguere	unterscheiden	trennen	ausschmücken
3	(*supare	werfen)	**dis**-s**i**pare	zerstreuen	zerstören	vergeuden
		↗ 1	**dis**-cedere	sich zerstreuen		
		↗ 1	**di**-r**i**pere	zerstören		

K Zum Knobeln

1 Von dem Stammwort *regere* ist das Kompositum *di-rigere* (lenken, leiten) herzuleiten.

Der Ausdruck *finem dirigere* bedeutet „eine gerade Grenze ziehen", *flumina dirigere* „Flüsse regulieren".

Wie kommt man von diesen Bedeutungen zu der uns geläufigen?

2 Die Komposita *dis-serere* und *dis-putare* heißen beide „erörtern". Dem einen liegt das Stammwort *serere* (reihen) zugrunde, dem anderen *putare*, das eigtl. „schneiden", dann erst „meinen" heißt.

Wie kann man sich den Zusammenhang zwischen den Grundbedeutungen der Stammwörter und den Bedeutungen der Komposita klarmachen?

3 Die Komposita *de-ligere* (↗ DE-!) und *di-ligere (< dis-legere)* haben annähernd die gleiche Grundbedeutung.

Ermittle sie und überlege, wie sich die Bedeutung „schätzen, verehren" für *diligere* entwickelt hat!

4 Gelegentlich bedeutet die Vorsilbe DIS- soviel wie „miß-".

Was heißt also:

- *dis-plicet,*
- *dis-sonans,*
- *dif-fidere.*

5 Dem König Ludwig IX. von Frankreich (1226–1270) wird der Wahlspruch zugeschrieben:

Divide et impera!

Übersetze ihn!

6 Bei Thomas a Kempis (1380–1471) findet sich das Wort:

Homo proponit, deus disponit.

Es gibt hierfür eine zum Sprichwort gewordene Übersetzung. Vergleiche sie mit dem Originalwortlaut!

W Zum Weiterdenken

1 Weitere Verbal-Komposita

1.1 Erschließe die Grundbedeutung von:

- *di-ducere,*
- *dif-fluere,*
- *dif-fugere,*
- *dif-fundere,*
- *di-ruere,*
- *dis-iungere.*

1.2 Führe die angegebene Bedeutung auf die jeweilige Grundbedeutung zurück:

- *di-luere* auflösen (*luere* lösen)
- *di-scribere* einteilen (*scribere* schreiben)
- *dis-sidere* uneinig sein (*sedere* sitzen)
- *dis-tendere* ausdehnen (*tendere* spannen)

1.3 Ordne die folgende Vokabelsammlung so, daß sechs Gruppen von Wörtern gleicher oder zumindest sehr ähnlicher Bedeutung entstehen:

diripere - abire - delere - dissentire - dissipare - discedere - discrepare - vastare - disponere - dimicare - distare - pugnare - differre - confligere - contendere - componere - constituere

1.4 Erschließe die Bedeutung der folgenden Komposita anhand von Fremdwörtern:

- *dif-ferre,*
- *di-rigere,*
- *dis-ponere.*

1.5 Ergänze und übersetze:

conducere	*contrahere*	....	*continere*
diducere	....	*dissentire*	....

1.6 Welche Wörter und Wendungen in den folgenden Sätzen geben Hinweise auf die Bedeutung der Prädikate?

(a) *Consul milites in muris disponit.*
Cicero in orationibus argumenta optime disposuisse videtur.

(b) *Nox proelium diremit.*
Tyriorum urbs mari a continenti dirimebatur.

(c) *Ne distuleris haec negotia!*
Philosophorum de anima sententiae multum inter se differunt.

(d) *Athenae quinque milia passuum a mari distant.*
Plurimum distat opinio mea a tua.

1.7 *Quod differtur, non aufertur.*

Welches deutsche Sprichwort besagt dasselbe?

2 Anwendung auf Nominal-Komposita

2.1 Substantive, die mit dem Suffix *-tas* gebildet sind, bezeichnen einen Zustand:

(difficilis) difficultas
(diversus) diversitas

2.2 Leicht erschließbar sind die Dir bereits bekannten Substantive, die vom Stamm des Partizip Präsens Aktiv abgeleitet sind:

(dif-ferre) *differentia*
(dis-crepare) *discrepantia*
(di-stare) *distantia*
(diligens) *diligentia* (nicht unmittelbar von *di-ligere*!)

2.3 Manche mit dem Präfix DIS- gebildete Substantive lassen sich aus Fremdwörtern erschließen:

- *dimensio,*
- *dispositio,*
- *disputatio,*
- *dissertatio,*
- *divisio.*

2.4 Das Verbum *dis-tribuere* heißt „verteilen".
Bei welcher der nachstehenden Zahlen handelt es sich um eine „Distributivzahl"?

centum - centesimus - centeni

2.5 Welche der nachstehenden Zahlen wird in der Mathematik als „Dividend" bezeichnet, welche als „Divisor"? 200 : 10 = 20.

2.6 Ein Vers des Dichters Juvenal:

Difficile est satiram non scribere.

Übersetze den Vers und erläutere den Sinn!

S Zur Selbstkontrolle

1 Düstere Aussichten

(Nach dem Verlust seiner letzten Flotte im Peloponnesischen Krieg wird Athen von den Spartanern und ihren Verbündeten belagert; unter den Eingeschlossenen aber geht die Angst um:)

1. „Classe nostra **dis**sipata nihil spei nobis restat!"
2. „Sociorum naves **dis**cesserunt, milites **dis**persi sunt;
   quis in moenibus **dis**ponetur?"
3. „Hostium castra haud longe ab urbe **di**stant;
   mox aggredientur, urbem capient captamque **di**ripient."
4. „Bona nostra inter victores **dis**tribuentur."
5. „Hostes de sorte Athenarum **dis**sentire dicuntur;
   fortasse urbs tot templis claris **di**stincta non **di**ripietur."

2 Häufigere Wortverbindungen

verum a falso discernere - inter se dissentire - varie disserere - negotium differre - classem dispergere - causam diiudicare - praedam distribuere - cursum dirigere in Italiam - pecuniam dissipare - disputare cum aliquo

3 Schriftsteller pflegen aus den Werken ihrer Vorgänger nicht immer genau zu zitieren. Horaz spielt darauf mit folgendem Vers an:

Ínveniás etiám disiécti mémbra poétae.

Ordne die Satzglieder in das folgende Schema ein und übersetze!

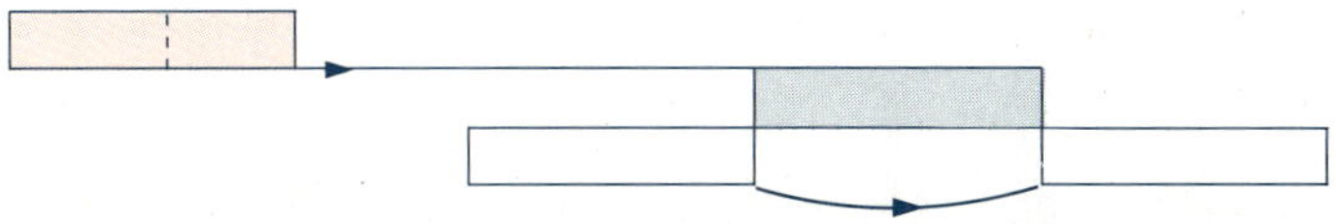

Was ist mit den *disiecta membra poetae* (so wird das Zitat oft verkürzt!) gemeint?

4 Welches Verbum paßt

(dimittere, disponere, distribuere, discedere, dirimere, dissentire/discrepare, dispergere, diripere, dissipare, diiudicare, distare) – Bilde Sätze!

amici ....

convivae ....

adversarios ....

magistratus papyros ....

homo amens pecuniam ....

in aditu theatri tesserae gratis ....
(téssera, -ae: *Eintrittskarte*)

captivus e carcere ....

KÖLN 50
BONN 20

hae urbes inter se non longe ....

tempestas naves ....

JA
NEIN

senatores rem ....

MAXIMARKET

latrones mercatum ....

Z Aktionsarten

1 Im Kapitel 3.Z hast Du den Begriff ‚Aktionsart' kennengelernt und dabei erfahren, daß für die Wiedergabe im Deutschen auch Vorsilben verwendet werden, die nicht oder nicht mehr als selbständige Wörter (Adverbien oder Präpositionen) auftreten.

Für die Übersetzung von Komposita, die mit DIS- gebildet sind, verwendet man oft die deutsche Vorsilbe

ZER-

z. B. *rapere* reißen,
diripere **zer**reißen.

ZER- entspricht eigentlich der Präposition „zu-" (bzw. „zur"). Anders als aufgrund dieser Entsprechung zu erwarten, bezeichnen mit „zer-" gebildete Komposita jedoch meist eine **Zertrennung** und damit den **Abschluß** einer Handlung (z. B. zerbrechen, zerstreuen, zerstören: *resultativ*[1]).

pflücken : zerpflücken

2.1 Auf drei der nachstehenden deutschen Verben trifft die Definition „Zertrennung" nicht zu:

zerfallen, zerfetzen, zerfleischen, zerfließen, zergehen, zergliedern, zerkleinern, zerlegen, zerpflücken, zerreden, zerreißen, zerschellen, zerschmettern, zerstückeln, zertrümmern, zerzausen.

2.2 Welche der aufgeführten Verben entsprechen den lateinischen Komposita

- *dis-icere,*
- *dis-solvere,*
- *dis-trahere*?

1 resultare (*von* saltare): *zurückspringen. – Vgl. „Resultat"!*

7

E- **EF-** **EX-**	1. aus- 2. heraus-, hinaus- 3. hervor- 4. auf-
	5. ent-

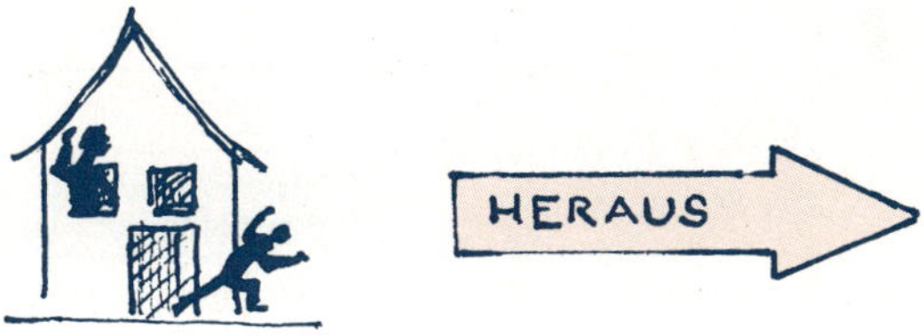

HERAUS

EX als Präposition: aus, aus ... heraus;
von ... aus/ab; seit

T

	Stammwort		Grundbedeutung des Kompositums		Herleitung leicht	Herleitung schwierig
1	fundere	gießen	**ef**-fundere	ausgießen	ausstreuen	zerstreuen, forttreiben
	legere	lesen, auswählen	**e**-ligere	(auslesen), auswählen	aussuchen, erwählen	
	migrare	wandern	**e**-migrare	auswandern		
	ponere	stellen, setzen, legen	**ex**-ponere	ausstellen, aussetzen	darlegen	
	quaerere	suchen, fragen	**ex**-quirere	aussuchen		erfragen, sich erkundigen
	rumpere	brechen	**e**-rumpere	ausbrechen		
	spectare	schauen	**ex**-spectare	(ausschauen), Ausschau halten	erwarten	warten
	vellere	rupfen, zupfen	**e**-vellere	ausrupfen, auszupfen		
		↗ 2.1	**ex**-ire	ausrücken		
		↗ 3	**ex**-cellere	sich auszeichnen		
		↗ 3	**e**-minere	sich auszeichnen		
2.1	agere	treiben, führen	**ex**-igere	heraustreiben		**einfordern; vollenden**
	capere	nehmen, fassen, fangen	**ex**-cipere	herausnehmen		aufnehmen, auffangen
	(dare	geben)	**e**-dere	herausgeben		hervorbringen
	ducere	führen	**e**-ducere	herausführen		
	ferre	tragen, bringen	**ef**-ferre	heraustragen, herausheben	hinaustragen	**bestatten**; aufheben
	gradi	gehen, schreiten	**e**-gredi	herausgehen	hinausgehen	verlassen
	ire	gehen	**ex**-ire	herausgehen		ausrücken
	manare	fließen	**e**-manare	herausfließen		**sich ausbreiten**, bekanntwerden
	trahere	ziehen	**ex**-trahere	herausziehen		
	vadere	gehen	**e**-vadere	herausgehen	entrinnen	**sich entwickeln**
	venire	kommen	**e**-venire	(herauskommen)		sich ereignen
			e-venit	(es kommt heraus)		es ereignet sich
		↗ 3	**e**-minere	herausragen		
2.2	iacere	werfen	**e**-icere	hinauswerfen	vertreiben	
	pellere	treiben	**ex**-pellere	(hinaustreiben)	vertreiben	verbannen
		↗ 2.1	**ef**-ferre	hinaustragen		
		↗ 2.1	**e**-gredi	hinausgehen		

	Stammwort		Grundbedeutung des Kompositums		Herleitung leicht	schwierig
3	(cellere	ragen)	**ex**-cellere	hervorragen		**sich auszeichnen**
	(minere	ragen)	**e**-minere	hervorragen	herausragen	**sich auszeichnen**
	sistere	sich stellen	**ex**-sistere	hervortreten	auftreten	**entstehen**
		↗ 2.1	**e**-dere	hervorbringen		
4	(citare	rege machen)	**ex**-citare	aufwecken	erregen	verursachen
	numerare	zählen	**e**-numerare	aufzählen		
	regere	lenken, „richten“	**e**-**ri**gere	aufrichten	ermutigen	
	struere	schichten	**ex**-struere	aufschichten	errichten	
		↗ 2.1	**ex**-cipere	auffangen		
		↗ 2.1	**ef**-ferre	aufheben		
5	fugere	fliehen	**ef**-fugere	entfliehen	entkommen	
	(mendum	Fehler)	**e**-mendare	(entfehlern)	verbessern	vervollkommnen
	rapere	reißen, rauben	**e**-**ri**pere	entreißen		befreien
		↗ 2.1	**e**-vadere	entrinnen, sich entwickeln		
		↗ 3	**ex**-sistere	entstehen		

K Zum Knobeln

1 Das Verbum *stinguere* heißt eigentlich „stechen“. Das Kompositum *ex-stinguere* wird mit „auslöschen“ übersetzt.

Wenn man sich vorstellt, wie man in alten Zeiten mit dem Feuer umging, kann man sich die Bedeutungsentwicklung erklären!

2 Zu einigen Verben der Kons. Konjugation gibt es Nebenformen, die zur *ā*-Konjugation zählen, jedoch gewöhnlich nur als Komposita auftreten,

z. B. *ap-pellare* (vgl. *pellere*); *de-dicare* (vgl. *dicere*); auch *sedare* (vgl. *sedere*).

Wie kommt das entsprechend gebildete Kompositum *e-ducare* zu der Bedeutung „erziehen“? (Vgl. *e-rudire*!)

3 Das Verbum *plorare* „laut jammern“ ist verwandt mit dem deutschen Verbum „plärren“.

Wenn man sich in die Situation einer Treibjagd versetzt, kommt man darauf, wie das Kompositum *ex-plorare* zu der Bedeutung „erforschen, erkunden“ kam (vgl. e.: to explore!)

4 Mit dem griech. Substantiv *peira* „Probe“ ist das lateinische Kompositum *ex-periri* verwandt. Erschließe die Bedeutung! (Vgl. *experimentum*!)

5 In den Anfängen bestand das „Geld“ der Römer aus Erzstücken *(aes)*, die dem gewünschten Gewicht entsprechend von einem Barren abgebrochen, später auch in passender Größe und Form gegossen wurden. Von der Tätigkeit des „Erzabschneiders“ *(*ais-temos)* leitet sich das Verbum *aestimare* „bewerten, schätzen“ her.

Das Kompositum *ex-istimare* hat die gleiche Grundbedeutung. Wie kann es zu der häufigen Bedeutung „beurteilen, halten für ...“ gekommen sein?

6 Das Kompositum *e-vadere* hat die Grundbedeutung „herausgehen". Gelegentlich muß man es mit „sich entwickeln, in Erfüllung gehen" übersetzen.

Übersetze:

(a) *Hoc somnium verum evasit.*

(b) *Amicus noster verus Epicureus evasit.*

7 Nachdem Cicero Catilina zum Verlassen der Stadt gezwungen hatte, äußerte er sich hierzu in einer Rede wie folgt:

Abiit, excessit, evasit, erupit.

Übersetze so, daß eine Steigerung von Wort zu Wort erkennbar wird!

W Zum Weiterdenken

1 Weitere Verbal-Komposita

1.1 Erschließe die Grundbedeutung von:

- *ef-fodere,*
- *e-gerere,*
- *e-laborare,*
- *ex-animare,*
- *ex-clamare,*
- *ex-primere.*

1.2 Wie kann man die Schreibweise erklären?

- *existere,*
- *exultare,*
- *exequi.*

1.3 Wie lassen sich die angegebenen Bedeutungen folgender Wörter aus der jeweils zu erwartenden Grundbedeutung herleiten?

- *ex-cīdere* zerstören *(caedere)*,
- *ex-tendere* verlängern,
- *ex-plodere* mißbilligen *(plaudere)*,
- *ex-tollere* rühmen.

2 Anwendung auf Nominal-Komposita

Das zur Bildung von Adjektiven dienende Suffix *-bilis* bezeichnet eine Eignung zu etwas, z. B. *ex-cusabilis* entschuldbar (zu *ex-cusare*). Bestimme entsprechend die Bedeutung von:

(e-narrare) *e-narrabilis*
(e-vitare) *e-vitabilis*
(ex-optare) *ex-optabilis*
(ex-orare) *ex-orabilis*
(ex-pugnare) *ex-pugnabilis*
(ex-superare) *ex-superabilis*

2.2 Ersetze in den folgenden Sätzen die Fremdwörter durch deutsche Ausdrücke, welche die Grundbedeutung des lateinischen Wortes möglichst exakt erfassen!

(a) Mit einer **Eruption** des Vesuvs hatte 79 n. Chr. niemand gerechnet.

(b) Das Schicksal vieler **Emigranten** war hart.

(c) Mit **exquisiten** Geschenken suchten die Gesandten den Tyrannen für sich einzunehmen.

(d) Bei diesem Heilmittel handelt es sich um einen **Extrakt** aus verschiedenen Alpenkräutern.

2.3 Was bedeutet *extemporale (opus)* wörtlich?

S Zur Selbstkontrolle

1 Auf nach Salamis!

1. Megarenses[1] insulam Salaminem[2] **ex**pugnaverant et Atheniensibus **e**ripuerant.
2. Ii, postquam iterum atque iterum adversarios **ex**pellere frustra conati sunt, haec **e**diderunt:
3. „Si quis **ex**stiterit, qui cives ad **ex**pugnandam Salaminem **ex**citet, supplicium non **ef**fugiet."
4. Solon[3] autem, qui virtute et prudentia praeter ceteros **ex**cellebat, dementem se simulans in publicum **e**gressus est.
5. Qui enim in furorem **e**ruperat, legibus Atheniensium non puniebatur.
6. Soloni monenti, ut omnes contra Megarenses[1] **ex**irent, propter maximam eloquentiam contigit, ut animos civium **e**rigeret.
7. **E**venit, ut Athenienses ex urbe se **ef**funderent hostesque nihil mali **ex**spectantes opprimerent; quorum plurimi caesi sunt, pauci **e**vaserunt.

2 Häufigere Wortverbindungen

frumentum exportare - e pugna evadere - liberos educare - e finibus emigrare - oppidum evertere - castris idoneum locum eligere - causas rerum exquirere - vinculis expedire - in terram exponere - in terram exire - inter philosophos excellere - e somno excitare - vitia emendare - ex urbe exigere - libertatem eripere - finibus expellere - hostem e castris elicere - domo egredi - deos Graecorum enumerare - hic sermo latius emanavit - bellum exardescit.

3 Cornix[4] cornici oculos non effodit.

Welches deutsche Sprichwort besagt dasselbe wie dieser bei Macrobius überlieferte Satz?

4 Gelegentlich hört man jemand sagen:

Expertus dico!

Was heißt das? Wie müßte eine Frau formulieren?
Welches Fremdwort leitet sich von *expertus, -a, -um* her?

5 Welches Verbum paßt?

(extrahere, erumpere, evellere, erigere, excipere, effundere, exspectare, eicere, exponere, exigere, eligere/exquirere, effugere/evadere) - Bilde Sätze!

1 Megarenses, -ium: *die Einwohner von Mégara*
2 Sálamis, -inis: *die Insel Salamis*
3 Solon, -onis: *Solon (attischer Politiker)*
4 cornix, -ícis f: *Krähe*

7 E- / EF- / **EX-**

aquam ....

vestimentum ..../.......

merces ....

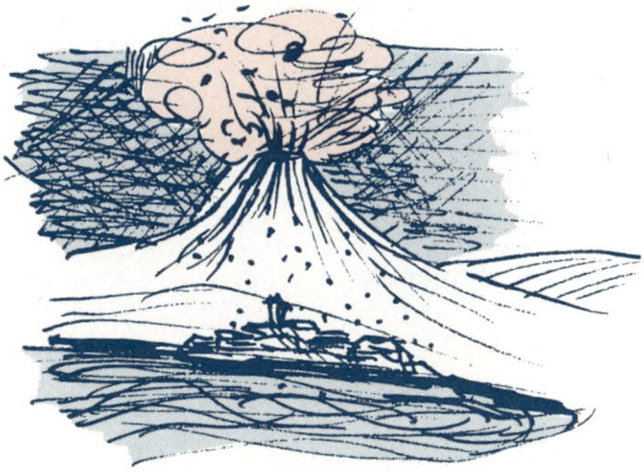

mons Vesuvius ....

TAXI

curriculum ....

herbas ....

7 E- / EF- / **EX-**

aes alienum / pecuniam ....

pilam ....
(pila, -ae: *Ball*)

dentem cariosum ....
(cariosus, -a, -um: *von* caries, -ei!)

VAE!

homo audax ..../.......

hospes, qui solvere non potest, ...

Kal. Maiis arborem ....

Z **Aktionsarten**

1 In den Kapiteln 3.Z und 6.Z war von den Aktionsarten die Rede. Um die Aktionsart auszudrücken, verwendet man im Deutschen auch Vorsilben, die nicht oder nicht mehr als selbständige Wörter (Adverbien oder Präpositionen) vorkommen.

Zur Übersetzung von Komposita, die mit EX- gebildet sind, dient oft die deutsche Vorsilbe.

ENT-

z. B.	*onerare*	beladen
	exonerare	**ent**laden

ENT- entspricht zunächst der Vorsilbe „ant-“ (vgl. antworten, abgeschwächt **e**ntgegnen, assimiliert e**mp**fangen).
Mit „ent-“ gebildete Komposita bezeichnen daneben aber auch die **Trennung** von etwas und damit den **Abschluß** einer Handlung (z. B. entfliehen, entrinnen, entreißen: *resultativ*).

laufen : entlaufen

2.1 In welchem Verhältnis stehen die folgenden Wortpaare zueinander? (↗ 3.Z 1!)

beladen	– entladen	bekräftigen	– entkräften
bewaffnen	– entwaffnen	bewässern	– …
belasten	– entlasten	belüften	– …
bekleiden	– entkleiden	bewerten	– …

2.2 Lateinische Entsprechungen sind selten, z. B.

ind-uere – *ex-uere*
ac-cusare – *ex-cusare*
armare – *ex-armare*

Welches dieser Wortpaare ist in 2.1 nicht vertreten?

3.1 Weitere Komposita, die mit „ent-“ gebildet sind:

AB-	*ab-esse*	entfernt sein
	abs-tinere	sich enthalten
AD-	*ac-cipere*	empfangen
DE-	*de-tegere*	entdecken, enthüllen
	de-cernere	entscheiden
DIS-	*dis-cedere*	sich entfernen
	di-stare	entfernt sein
	di-iudicare	entscheiden
EX-	↗ 7.T 5	
OB-	*oc-currere*	entgegentreten
	ob-icere	entgegen
RE-	*re-movere*	entfernen
	re-spondere	antworten

3.2 Welches der aufgeführten Verben paßt am wenigsten zu der in Z.1 gegebenen Definition der Bedeutung von „ent-“? Wie kann man die Verbindung dennoch herstellen?

8

DE- DIS- EX-	Zusammenfassender Test

zz

Es gibt jeweils nur eine Lösung. Kreuze sie an!

1. Welches Verbum in dieser Reihe bedeutet nicht „unterscheiden“?

   discernere — w
   dispergere — x
   distinguere — y
   diiudicare — z

2. Welche Verbalform paßt nicht in die Reihe?

   discessit — w
   discrevit — x
   dissentit — y
   diripuit — z

3. Wähle ein passendes Prädikat für den Satz

   Fama tota urbe …

   diripitur — w
   distinguitur — x
   dirimitur — y
   dispergitur — z

4. Welche Reihe entspricht den Bedeutungen der aufgeführten Verben?

   exquirere – efferre – exstruere – excitare

   bestatten – verursachen – aufschichten – erfragen — w
   erfragen – bestatten – aufschichten – verursachen — x
   verursachen – bestatten – erfragen – aufschichten — y
   aufschichten – erfragen – verursachen – bestatten — z

5. Bei welchem der aufgeführten Verben ist eine Wiedergabe mit einem reflexiven Verbum („sich …“) **nicht** üblich?

   excellere — w
   eminere — x
   evadere — y
   erigere — z

6. Bei einem der aufgeführten Verben ist die Übersetzung mit „be-…“ und „ent-…“ möglich:

   evadere — w
   effugere — x
   eripere — y
   efferre — z

7. Eines der folgenden Substantive ist **nicht** von einem lateinischen Verbum hergeleitet:

   eruditio — w
   exercitatio — x
   eloquentia — y
   epistula — z

8. Welches Verbum trifft zu? *animo descendere* *deficere* *desistere* *decedere*	 w x y z
9. Welches Prädikat gibt den richtigen Sinn? *Nox senatum* { *disposuit.* / *diremit.* / *distinxit.* / *diripuit.* (*senatus, -ūs*: (hier) Senatssitzung)	 w x y z
10. Welche Laute sind einzufügen, wenn der Konjunktiv Perfekt Aktiv gebildet werden soll? *edu . er . .* *c – em* *x – am* *x – im* *x – o*	 w x y z
11. Auf Benjamin Franklin (1706–1790), der nicht nur als Demokrat, sondern auch als Erfinder des Blitzableiters in die Geschichte einging, wurde folgender Vers verfaßt: *Exstruit* / *Exemit* / *Eripuit* / *Exiit* } *fulmen caelo sceptrumque tyrannis.* Welches Prädikat trifft zu?*	 w x y z
12. Einer der nachstehenden unpersönlichen Ausdrücke wird nie mit *ut* verbunden: *evenit* *accidit* *accedit* *contingit*	 w x y z
13. Welches Wort ist **nicht** mit *e-/ex-* zusammengesetzt? *exercitus* *egregius* *equitatus* *eximius*	 w x y z

* Wer schon einen Hexameter lesen kann, hat ein zusätzliches Kriterium zur Hand.

9

I- IL- IM- IN- IR-	1. ein- 2. hinein-, herein- 3. an- 4. auf-
	5. nicht*

HINEIN

IN als Präposition: in, in ... hinein; nach; auf; gegen } m. Akk.
in; an; auf } m. Abl.

T

	Stammwort		Grundbedeutung des Kompositums		Herleitung leicht	schwierig
1	cedere	gehen, „rücken“, weichen	**in**-cedere	eintreten		einhergehen
	claudere	schließen	**in**-cl**u**dere	einschließen	einsperren	
	colere	wohnen, pflegen	**in**-colere	(Einwohner sein)	bewohnen	siedeln
	ducere	führen	**in**-ducere	(als Schauspieler) einführen	auftreten lassen	veranlassen
	rumpere	brechen	**ir**-rumpere	einbrechen	eindringen	
	statuere	stellen, setzen	**in**-st**i**tuere	(einsetzen)	einrichten	unterrichten; **beginnen**
	↗ 2.1		**in**-vadere	eindringen		
2.1	cadere	fallen	**in**-c**i**dere	hineinfallen	geraten (in ...)	
	ferre	tragen, bringen	**in**-ferre	hineintragen		zufügen
	iacere	werfen	**in**-**i**cere	hineinwerfen		einflößen
	ire	gehen	**in**-ire	hineingehen		**beginnen**
	ponere	stellen, setzen, legen	**im**-ponere	hineinsetzen, hineinlegen		auf(er)legen, aufbürden
	stare	stehen	**in**-stare	(hineinstehen)	bevorstehen	bedrohen, bedrängen
	vadere	gehen	**in**-vadere	(hineingehen)	eindringen	angreifen; befallen
2.2	(minere	ragen)	**im**-minere	(hereinragen)	bevorstehen	drohen
	pendēre	hängen	**im**-pendere	hereinhängen	bevorstehen	drohen
3	capere	nehmen, fassen, fangen	**in**-c**i**pere	anfangen	beginnen	
	(citare	rege machen)	**in**-citare	antreiben		**aufwiegeln**; reizen
	dicere	sagen	**in**-dicere	(ansagen)	ankündigen	erklären
	ludere	spielen	**il**-ludere	(anspielen)		**verspotten**
	pellere	treiben	**im**-pellere	antreiben		**veranlassen**
	(plorare	flehen)	**im**-plorare	anflehen	erflehen	
	tendere	spannen	**in**-tendere	anspannen	anstrengen	beabsichtigen, im Auge haben
	↗ 2.1		**in**-vadere	angreifen		

* gehört sprachgeschichtlich zu einer anderen Gruppe

	Stammwort	Grundbedeutung des Kompositums		Herleitung leicht	schwierig
4	(cumbere sich legen)	**in**-cumbere	(sich auf etwas legen)	sich verlegen (auf ...)	sich beschäftigen (mit ...)
	venire kommen	**in**-venire	(auf etwas kommen)	erfinden	**finden**
	↗ 1	**in**-ducere	auftreten lassen		
	↗ 2.1	**im**-ponere	auf(er)legen, aufbürden		
	↗ 3	**in**-citare	aufwiegeln		
5	(g)noscere erkennen	**i**-gnoscere	(nicht erkennen wollen)		**verzeihen**

K Zum Knobeln

1 *invidere* bedeutet zunächst nur „genau hinsehen"; daraus entwickelten sich aufgrund der Angst der alten Völker vor dem „Bösen Blick" die Bedeutungen „böse Blicke zuwerfen", „neidisch ansehen".
Dementsprechend umfaßt das Substantiv *invidia* die Bereiche „Neid" und „Abneigung".

Versuche, mit Hilfe dieser Informationen die Konstruktion des Verbums *invidere* zu erklären, und vergleiche mit dem Deutschen!

(a) *Fortasse plebs divitiis Alcibiadis invidit.*

(b) Vielleicht beneidete das Volk den Alkibiades um seinen Reichtum.

2 Die Römer bestreuten die zum Opfer bestimmten Tiere mit gesalzenem Schrotmehl *(mola)*. Man bezeichnete diesen religiösen Akt mit dem Verbum *im-molare.*

Was heißt also *immolare* im wörtlichen, was im übertragenen Sinn?

3 Wenn der römische Bauer seine Zugtiere einspannte, brauchte er einen Deichselriemen *(cohum)*. Zur Bezeichnung des Vorgangs verwendete man das Verbal-Kompositum *in-cohare.*

Was heißt demnach *incohare* in wörtlicher, was in übertragener Bedeutung?

4 Mit *plenus* „voll" ist das (nicht vorkommende) Stammwort **plere* verwandt, von dem es mehrere Komposita gibt.

Was muß *im-plere* bedeuten?

5 Von einem (nicht vorkommenden) Stammwort **rire* „erregen" ist **ritare* abgeleitet, von dem es das Kompositum *ir-ritare* gibt. Übersetze:

Ne me irritaveris ad iram!

6 Das Substantiv *imperium* „Befehl; Macht; Reich" stammt von dem Verbum *im-perare* her, einem Kompositum von *parare* „bereiten, anschaffen".

Versuche zu erklären, wie *imperare* zu der Bedeutung „befehlen" gekommen ist!

7 Die Verbal-Komposita *in-stare, im-minere, im-pendere* haben annähernd die gleiche Bedeutung „(drohend) bevorstehen".

Suche die Verbindung zwischen der Grundbedeutung und der Bedeutung „bevorstehen"!

8 Ordne die folgenden Verben nach den Intensität des Ausdrucks! Welches ist das „kräftigste"?
invadere – irruere – intrare[1] *– inire – irrumpere*

9 Bei der Angabe von Beweggründen gebraucht das Lateinische in Verbindung mit dem Abl. causae verschiedene PPP, z. B. *ira commotus, adductus.*

Von welchen der folgenden Verben lassen sich bedeutungsgleiche PPP bilden?

instituere – impellere – inducere – imponere – incitare – inferre – irritare

10 Als Denominativa bezeichnet man Verben, die von Nomina abstammen. Von dem Adjektiv *in-dignus* „un-würdig" stammt das Deponens *in-dignari* „sich entrüsten" her.
Stelle eine Verbindung zwischen den beiden Bedeutungen her!

11 Was ist den Wörtern *ignorare, ignoscere, ignotus, ignominia, ignobilis* gemeinsam?

12 Wo steckt kein *in-* hinter dem *i(g)-*?
ignarus – ignorare – ignoscere – ignis – igitur – ignotus

13 Ordne die folgende Wörter-Ansammlung je nach der Bedeutung des Präfixes *in-*: 1. Richtungsangaben, 2. Verneinung!

imponere – improbus – incertus – inquirere – iniustus – inferre – inire – instare – inopia – iniuria – initium – implere – incipere

14 Was für ein *in-* erkennst Du bei *imprimis (in primis)*?
Was bedeutet *imprimis* also zunächst?

15 Als der Bischof Remigius den Frankenkönig Chlodwig am Weihnachtstag des Jahres 496 in Reims taufte, soll er zu ihm gesagt haben:
Mitis depone colla[2]*, Sicamber*[3]*:*
Adora, quod incendisti;
incende, quod adorasti[4]*!*
Übersetze diesen Ausspruch!

W Zum Weiterdenken

1 Weitere Verbal-Komposita

1.1 Erschließe die Grundbedeutung von:

- *in-flammare,*
- *in-quirere,*
- *im-pedire* (*pedica* Fußfessel),
- *im-mittere,*
- *im-portare,*
- *in-spicere.*

1 intrare: *abgeleitet von* intra!
2 collum, -i: *Nacken;* colla deponere: *den Nacken beugen*
3 Sicamber, -bri: *Sugambrer (Bezeichnung eines Volksstamms; vgl. Sauerland); hier = Franke*
3 adorasti = ad-oravisti

1.2 Führe die angegebene Bedeutung jeweils auf die Grundbedeutung des Kompositums zurück:

- *in-fringere*	schwächen	(*frangere* brechen),
- *in-gerere*	aufdrängen	(*gerere* tragen),
- *in-ficere*	vergiften	(*facere* tun),
- *in-dormire*	nachlässig betreiben	(*dormire* schlafen).

1.3 Erschließe die Bedeutungen mit Hilfe der angegebenen Fremdwörter:

- *il-luminare*	(illuminieren),
- *in-halare*	(inhalieren),
- *in-sistere*	(insistieren),
- *in-tegrare*	(integrieren).

2 Anwendung auf Nominal-Komposita

2.1 Mit dem Suffix *-tas* gebildete Substantive bezeichnen eine Beschaffenheit.

Bestimme die Bedeutungen:

(ignobilis)	*ignobilitas*
(imbecillus)	*imbecillitas*
(immanis)	*immanitas*
(immortalis)	*immortalitas*

2.2 Bilde entsprechend und übersetze:

(immobilis)	....
(immunis)	....
(inanis)	....
(iniquus)	....

2.3 Stelle fest, von welchen Verben die folgenden Nomina abgeleitet sind, und ermittle ihre Grundbedeutung:

initium – instrumentum – inventum – institutum – intentus – intolerabilis – infinitus – incendium – incola – incredibilis

2.4 Welche verbalen Bestandteile erkennst Du in:

impetus – insidiae – innocens – inscius

2.5 Das Gegenteil zu *in-firmus* ist leicht zu finden. Bei welchen der folgenden Adjektive ist der Weg zum Gegenteil nicht so einfach?

incertus – inimicus – improbus – iners – infimus – ignotus – ignavus – integer – inscius – iniustus – indignus – inferior – infestus – ingens – iniquus – ignobilis

2.6 Von *dividere* „teilen“ ist das Adjektiv *dividuus* „teilbar“ hergeleitet.

Was bedeutet demnach „Individuum“ wörtlich?
(Die Lateiner übersetzen das griechische Wort *átomos* mit *individuum.*)

2.7 Was versteht man unter „Immission“?

Von welchem Verbum ist das Wort herzuleiten?

S Zur Selbstkontrolle

1 Pro und Contra

(In der Volksversammlung zu Athen prallen die Meinungen hart aufeinander: Während der Redner Timon (T) für den schönen und reichen Alkibiades schwärmt, warnt Peison (P) vor der Skrupellosigkeit des ehrgeizigen jungen Mannes:)

T: 1. „Cui Alcibiades nondum amorem et admirationem **in**iecit?
2. Pulcher est et dives, a magistris optimis **in**stitutus
multis artibus **in**cubuit,
animum semper ad gloriam et honorem **in**tendit.
3. Quis tam superbe **in**cedit quam Alcibiades?
4. Cuius verba cives adeo **in**citant et **im**pellunt?
5. Eo duce Syracusanis bellum **in**feremus,
Siciliam **in**vademus,
in maximam urbem **ir**ruemus,
ingentem praedam in naves **im**ponemus!"

P: 6. „Mihi bellum **im**minens magnum timorem **in**icit.
7. Num **i**gnoras, quot homines Syracusas **in**colant?
8. Num **i**gnoras, quae moenia **in**vasuris **im**pendeant?
9. Ego deos cottidie **im**ploro,
ut nos ab Alcibiade isto liberent,
ut pericula **in**stantia arceant.
10. Quis enim deos **il**lusit? Alcibiades!
11. Quis omnes viros bonos **ir**ridet? Alcibiades!
12. Itaque, quidquid Alcibiades coeperit, male eveniet!"

2 Häufigere Wortverbindungen

caelestes irridere - nova investigare - gaudio implere - animos inflammare - bellum imminet - terram incolere - animum intendere - in reum inquirere - metus me invadit - fortunae alicuius invidere - animos incitare - milites in naves imponere - legatos in senatum inducere - incumbere ad litteras - iniuriam inferre - classem instruere - naves invadere - iuvenes instituere - dies illucescit - metum inicere - voluptatibus indulgere - alteri ignoscere

3 Vergleiche und übersetze!

(a) Íncidit ín Scyllám, qui vúlt vitáre Charýbdim.
(b) Incidis in Scyllam cupiens vitare Charybdim.

4 Bestimme die jeweils zutreffende Bedeutung:

(a) Urbi { periculum / collis } imminet.

(b) Italiae insulae imminent.

5 Welches Verbum paßt?

(inferre, incitare/impellere, intendere, includere, incidere, impendēre, invadere, inicere, imponere, implorare, irrumpere, irridere/illudere) – Bilde Sätze!

saga liberos ....
(saga, -ae: *Hexe*)

latrones in villam ....

supellectilem in domum ....
(supéllex, -ctilis: *Hausrat*)

asello onus ....
(asellus, -i: *kleiner Esel*)

puerum in aquam ....

puer in flumen ....

gladius a lacunari ....
(lacúnar, -áris: *Decke*)

puer Afrum .... / ....

eques equum .... / ....

milites in hostes ....

arcum ....

10

INTEL- INTER-	1. dazwischen- 2. unter- 3. um-
	4. zugrunde

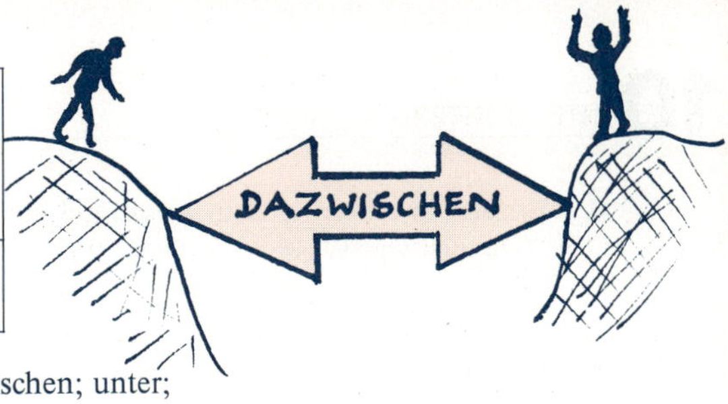
DAZWISCHEN

INTER als Präposition: zwischen; unter; während

T

	Stammwort		Grundbedeutung des Kompositums		Herleitung leicht	schwierig
1	cedere	gehen, „rücken", weichen	**inter**-cedere	(dazwischengehen)	dazwischentreten	Einspruch erheben, widersprechen
	claudere	schließen	**inter**-cludere	(einen Riegel) dazwischenschieben)	abschließen, absperren	
	esse	sein	**inter**-esse	dazwischensein		teilnehmen (an ..)
	legere	lesen, auswählen	**intel**-legere	(dazwischen wählen)		erkennen, einsehen, verstehen
	mittere	schicken, gehen lassen	**inter**-mittere	(dazwischenschicken)	unterbrechen	aussetzen, verstreichen lassen
	rogare	fragen, bitten	**inter**-rogare	(dazwischenfragen)	fragen, befragen	
	venire	kommen	**inter**-venire	dazwischenkommen	unterbrechen	
2	dicere	sagen	**inter**-dicere	untersagen	verbieten	
	esse	sein	**inter**-est	es ist ein Unterschied		es ist wichtig, es liegt daran
		↗1	**inter**-mittere	unterbrechen		
		↗1	**inter**-venire	unterbrechen		
3	facere	machen, tun	**inter**-ficere	(umbringen)	niedermachen	**töten**
		↗4	**inter**-ire	umkommen		
4	emere	nehmen	**inter**-imere	(zugrunde richten)	umbringen	**töten**
	ire	gehen	**inter**-ire	zugrunde gehen	umkommen	

K

Zum Knobeln

1 Versuche zu erklären, wie *intercedere* zu der Bedeutung „widersprechen" gelangen konnte!

2 Die lateinische Präposition *inter* ist verwandt mit der deutschen Präposition „unter".

Zeige an den deutschen Komposita

- unterwerfen,
- unterbrechen,

daß „unter" in zwei Bedeutungen vorkommt!

3 Erkläre, inwiefern es dem Ausschluß aus der Gesellschaft gleichkam, wenn jemandem der Gebrauch von Wasser und Feuer untersagt wurde *(alicui aquā et igni interdicere)*!

Wie wird diese Formel im Deutschen mit einem Wort ausgedrückt?

4 Das Verbum *legere* bedeutet ursprünglich „lesen", aber nicht im Sinne von „Buchstaben lesen", sondern im Sinne von „auslesen" und „auflesen".
In diesem Sinn gebraucht man noch die Wörter „Auslese", „Weinlese" und „Leseschein" (Erlaubnis zum Holzsammeln im Wald).

Erläutere, wie *intellegere* zu der Bedeutung „verstehen" gelangen konnte!

5 Was versteht man unter einem „intermittierenden Fieber"?

W Zum Weiterdenken

1 Weitere Verbal-Komposita

1.1 Erschließe die Grundbedeutung folgender Komposita:
- *inter-cipere,*
- *inter-currere,*
- *inter-rumpere,*
- *inter-ponere.*

1.2 Die Komposita von *cadere* „fallen" und *caedere* „fällen" sehen äußerlich gleich aus.
(a) Was kann *inter-cidere* demnach bedeuten?
(b) Wie kann man erkennen lassen, von welchem Stammwort das jeweilige Kompositum herzuleiten ist?

1.3 Stelle Wörter zusammen, die dasselbe bedeuten wie *interficere*!

1.4 Welches weitere Kompositum von *ire* kann im folgenden Satz an die Stelle von *interire* treten?
Carthago, urbs tam opulenta et potens, postremo misere interiit.

1.5 Führe die angegebene Bedeutung auf die jeweils zu erwartende Grundbedeutung zurück:
- *inter-icere* einmengen,
- *inter-loqui* unterbrechen,
- *inter-ponere* unterschieben.

2 Anwendung auf Nominal-Komposita

2.1 Die Bedeutung des Suffixes *-tor/-sor* ist Dir bereits bekannt. Erschließe die Grundbedeutung folgender Substantive:

(inter-cedere)	*intercessor*
(inter-imere)	*interemptor*
(inter-ficere)	*interfector*
(inter-venire)	*interventor*

2.2 Erkläre folgende Fremdwörter:

- Interpunktion (*pungere* stechen),
- Interpellation,
- Interaktion;
- interdisziplinär,
- interkonfessionell,
- international.

2.3 Der „Dolmetscher" heißt im Lateinischen *inter-pres* (*-pretis*).

(a) Wie nennt man den Erklärer eines literarischen Werkes?
(b) Wie bezeichnet man die Methode, die dabei angewandt wird?

S Zur Selbstkontrolle

1 Einsetzübung

In den folgenden Sätzen beginnt jedes Prädikat mit *inter-*.
Ergänze, was fehlt, mit Hilfe von 10.T und übersetze!

1. Multum **inter** .... inter philosophiam et ceteras artes.
2. Caesar Gallis viam **inter** ....
3. Omnibus indignantibus unus e tribunis legi novae **inter** ....
4. Magna pars Helvetiorum a militibus Romanis **inter** ....
5. Nostrā plurimum **inter** .... amicos valere.
6. Secundo bello Punico propter maximam inopiam civitatis feminis lege **inter** ...., ne auro se ornarent.
7. Proditori aqua et igni **inter** ....

2 Häufigere Wortverbindungen

bello civili non interesse - orationem intermittere - fame interire - reditu intercludere - certamini interesse - mea plurimum interest - aliquid parum intellegere - fuga intercludere - senatorem interrogare

3 Vier Sätze aus dem römischen Recht

Interest rei publicae {
ne maleficia remaneant impunita.
quod homines conserventur (*sc.* prius quam res).
res iudicatas non rescindi[1].
ut sit finis litium[2].

Welcher der vier Sätze ist „klassisch" konstruiert?

1 rescindere: *einreißen, (hier) wiederaufheben*
2 lis, litis f: *Rechtsstreit*

4 Und dann wäre da noch ein Rat …

Ínterpóne tuis intérdum gáudia cúris!

Ordne die Satzglieder in das folgende Schema ein und übersetze!

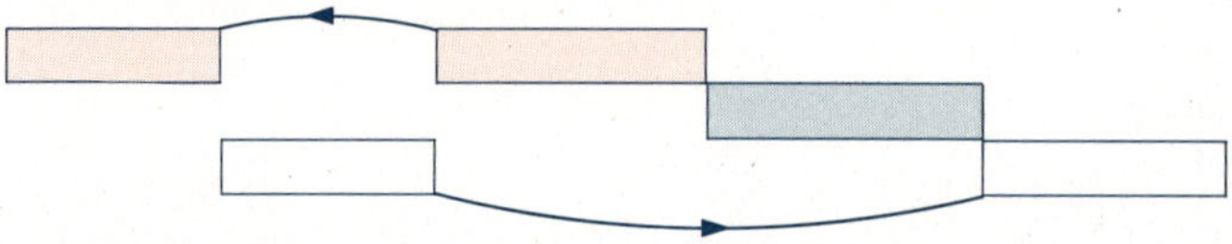

5 Welches Verbum paßt?

(interdicere, interire, intervenire, interesse, intermittere, interficere/interimere)

pater …….

magister …….

latro viatorem ……. / …….

colloquium …….

navis naufragio …….

quantum inter liberos ……. ?

11

O- **OB-** **OBS-** **OC-** **OF-** **OP-** **OS-**	1. entgegen- 2. unter-, nieder- 3. folgsam, willig 4. inständig, nachdrücklich 5. be-

ENT-
-GEGEN

OB als Präposition: gegen, entgegen; wegen

T

	Stammwort		Grundbedeutung des Kompositums		Herleitung leicht	schwierig
1	currere	laufen, eilen	**oc**-currere	(entgegenlaufen)	entgegentreten	**begegnen**
	esse	sein	**ob**-esse	(entgegensein)	hinderlich sein	**schaden**
	ferre	tragen, bringen	**of**-ferre	entgegenbringen	anbieten	*Pass.:* begegnen
	iacere	werfen	**ob**-**i**cere	entgegenwerfen	entgegnen	vorwerfen
	ire	gehen	**ob**-ire	entgegengehen		besuchen; **sterben**
	ponere	stellen, setzen, legen	**op**-ponere	entgegenstellen	gegenüber-stellen	einwenden
	stare	stehen	**ob**-stare	entgegenstehen	widerstehen	hindern
2.1	cadere	fallen	**oc**-**ci**dere	(entgegenfallen)	untergehen	zugrunde gehen, einstürzen
	mittere	schicken, gehen lassen	**o**-mittere	unterlassen		**übergehen**
	premere	drücken	**op**-**pri**mere	unterdrücken		überfallen, überraschen
2.2	caedere	fällen, hauen	**oc**-**cī**dere	niederhauen	niederschlagen	**töten**
3	audire	hören	**ob**-**oe**dire	(folgsam hinhören)	gehorchen	
	sequi	folgen	**ob**-sequi	(willig folgen)	gehorchen, willfahren	nachgeben, „folgen“
4	(sacrare	beschwören)	**ob**-secrare	inständig bitten	beschwören	
	tendere	spannen	**os**-tendere	(nachdrücklich entgegenhalten)	zeigen	**darlegen**
	tenere	halten	**ob**-**ti**nere	(nachdrücklich dagegenhalten)	festhalten	behaupten; innehaben
	testari	bezeugen	**ob**-testari	(inständig) bitten	beschwören	
5	(capere	nehmen)	**oc**-**cu**pare	besetzen	in Besitz nehmen	
	(*fendere	stoßen)	**of**-fendere	beleidigen	angreifen	anstoßen
	pugnare	boxen, kämpfen	**op**-pugnare	bestürmen, belagern		
	sedere	sitzen	**ob**-**si**dēre	belagern		besetzt halten
	servare	bewahren	**ob**-servare	beobachten	einhalten	
		↗1	**oc**-currere	begegnen		
		↗1	**ob**-ire	besuchen		
		↗4	**ob**-secrare	beschwören		
		↗4	**ob**-testari	beschwören		
		↗4	**ob**-tinere	behaupten		
		↗1	**of**-ferri	begegnen		

K Zum Knobeln

1 Mit *celare* „verheimlichen" hängt das Kompositum *oc-culere* „verbergen" zusammen, zu dem es ein Intensivum *oc-cultare* gibt.

Welche Fremdwörter leiten sich von dieser Wortfamilie her?

2 Wie schon mehrfach beobachtet, gibt es zu den Verben der Konsonantischen und der *i*-Konjugation gelegentlich Nebenformen, die zur *ā*-Konjugation zählen (vgl. *pellere* – *appellare*, *dicere* – *dedicare* u. a.).

(a) Welches Verbum hat die in *e-ducare* steckende Nebenform geliefert?
(b) Welcher Vokal wäre in *oc-cupare* eigentlich zu erwarten?

3 Ermittle mit Hilfe ihrer Stammwörter, was die Komposita *obsidere* und *oppugnare* genau bedeuten, und beschreibe die beiden Arten des Belagerns, die sie bezeichnen!

4 Die Fremdwörter Offerte und Oblate sind vom gleichen lateinischen Verbum gebildet. Versuche, ihre heutigen Bedeutungen auf die ursprüngliche Grundbedeutung zurückzuführen. (Bei ‚Oblate' wird man zuerst an Kirchliches zu denken haben!)

Welches der beiden Fremdwörter ist ‚lateinischer' gebildet?

5 Erkläre die Fremdwörter

Opposition – ostentativ – Observatorium – offensiv

6 Durch die Verbindung mit einem Präfix können intransitive Verben zu transitiven Verben werden; vgl. *venire* „kommen" – *circumvenire* „umzingeln".

Welches Objekt ist bei *obire* in der Bedeutung „sterben" zu ergänzen?

7 Welches der folgenden Objekte paßt am besten zu *obire*?

regionem – *rem publicam* – *spem* – *occasionem*

8 Die Komposita von *sequi* „folgen" werden in der Regel mit dem Akkusativ verbunden.

Wie steht es in dieser Hinsicht mit *obsequi*?

9 Ergänze die fehlenden Vokale in den Verbformen:

.bs.t – *.b..m* – *.bt.l.t* – *.bs.qu.r* – *.bl.t.r.m*

10 Das Verbum *linere* bedeutet „schmieren", „anstreichen".

Versuche zu erklären, wie das davon herstammende Deponens *ob-livi-sci* zu der Bedeutung „vergessen" gelangt sein kann!

11 Auf dem Deckel eines römischen Vorratsgefäßes fanden sich die Worte USUS OPERI.

Bestimme die beiden Wortformen und übersetze in gutes Deutsch!

12 Ein Rat Ciceros:

Oblatam occasionem tene!

13 Man unterscheidet zwischen direkter und übertragener Bedeutung von Wörtern und Ausdrücken.

vorwerfen: *obicere*
crimini dare

Wo steckt der „übertragene Gebrauch" von „vorwerfen"?

14 Gegensätze:

(a) 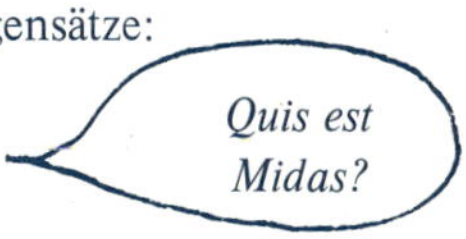
Quis est Midas?

 *memini* <=> *obliviscor* 

(b)  *aperio* <=> *operio* 

W Zum Weiterdenken

1 Weitere Verbal-Komposita

1.1 Bestimme die Grundbedeutung der folgenden Komposita:

- *ob-ducere,*
- *ob-venire,*
- *ob-versari,*
- *ob-ligare* (*ligare* binden).

1.2 Wie lassen sich die angegebenen Bedeutungen auf die jeweils zu erwartende Grundbedeutung zurückführen?

- *oc-cidere* verschwinden,
- *oc-currere* vor die Seele treten,
- *of-fendere* lästig fallen,
- *op-primere* geheimhalten.

1.3 Ein Zeuge benimmt sich vor Gericht ungeschickt. Reaktion des Publikums:

Risus testem obruit.

Suche eine freie Übersetzung!

2 Anwendung auf Nominal-Komposita

2.1 Substantive der *u*-Deklination, die mit dem Suffix *-tus/-sus (-ūs)* gebildet sind, bezeichnen einen Zustand oder einen zu einem Zustand führenden Vorgang.

Bestimme die Grundbedeutung von:

(ob-ire) *obitus, -us*
(oc-cidere) *occasus, -us*
(oc-currere) *occursus, -us*
(of-fendere) *offensus, -us*

2.2 Bestimme die Bedeutung folgender Fremdwörter:

Okkupation - Opportunist - Objektivität

2.3 Übersetze:

(a) *Idem est obtutus amborum oculorum.* *(ob-tueri)*
(b) *Sol lunae oppositu solet deficere.* *(op-ponere)*

2.4 Ein Satz aus dem römischen Recht:

Obtemperandum est consuetudini rationabili[1] *tamquam legi.*

Von welcher Art Recht ist hier die Rede?

S Zur Selbstkontrolle

1 Setzt euch zur Wehr!

(C. Papirius, einer der Führer im Bundesgenossenkrieg gegen Rom, fordert seine samnitischen Landsleute zu energischem Widerstand auf:)

1. „Nimis diu Romanis **ob**oedivimus,
nimis diu superbis imperiis eorum **ob**secuti sumus.
2. Sed ii nullam occasionem **o**miserunt
socios **of**fendendi, **op**primendi, **oc**cidendi.
3. Itaque vos, cives, **ob**secro atque **ob**testor,
ut ea foedera, quae nobis **ob**sunt, **o**mittatis,
ut vos **op**ponatis exercitibus Romanis,
ut orbem **ob**sideatis, **op**pugnetis, **oc**cupetis.
4. Si mihi **ob**secuti eritis,
Romani imperium non **ob**tinebunt!“

2 Häufigere Wortverbindungen

provincias obtinere - oppidum occupare - imperium obtinere - civibus obesse - aere alieno opprimi - mortem obire - sol occidit - patronum obtestari - precibus obsequi - iniuriam oblivisci - ut alia omittam - spem falsam ostendere

3 Von den Römern gedemütigt, soll der Makedonenkönig Philipp V. (238–179) ausgerufen haben:

Nondum omnium dierum sol occidit.

Welches deutsche Sprichwort sagt dasselbe?

4 Wenn wir einmal Pech haben, kann uns Seneca trösten:

Calamitas virtutis occasio.

Auch dafür gibt es ein deutsches Sprichwort.

---

1 *rationábilis, e:* vernünftig

5 Welches Verbum paßt?

(occulere, obicere, opprimere/obruere, occurrere, observare, obtinere, oblivisci, omittere, opponere, obsecrare/obtestari, obesse) - Bilde Sätze!

liberi patri ....

arbor curriculo .... videtur

cani peccatum ....

isne?

reus accusatori ....

tu hoc ....!

ruinae fabrum paene ....

venator bestias ....

Claudia matrem ....

pilam ....
(pila, -ae: *Ball*)

dona paschalia ....
(*von* pascha, -ae: *Ostern*)

Quis has litteras ad me dedit?

nomen eius omnino ....

Z Aktionsarten

1 Weitere Komposita, die mit „be-“ gebildet sind (↗ 3.Z!):

COM-	↗ 3.T 5!	
DE-	*de-clarare*	bezeichnen
	de-monstrare	beweisen
	de-scribere	beschreiben, bestimmen
	de-cernere	beschließen
	de-vincere	besiegen
EX-	*ef-ferre*	bestatten
	e-ripere	befreien
IN-	*in-videre*	beneiden
	in-colere	bewohnen
	in-stituere	beginnen
	in-ire	beginnen
	in-stare	bevorstehen, bedrohen, bedrängen
	im-minere	bevorstehen
	im-pendere	bevorstehen
	in-vadere	befallen
	in-cipere	beginnen
	incumbere	sich beschäftigen (mit ...)
	in-tendere	beabsichtigen
INTER-	*inter-rogare*	befragen
OB-	↗ 11.T 5!	
PER-	*per-turbare*	beunruhigen
PRAE-	*prae-esse*	befehligen
RE-	*re-spicere*	berücksichtigen
	re-tinere	behalten
	re-ferre	berichten
SUB-	*sub-igere*	bezwingen

2 Stelle anhand obiger Liste Wortgruppen zusammen, die bedeuten:

- beginnen,
- bevorstehen,
- belagern,
- begegnen,
- behalten.

3 Erläutere die unterschiedliche Vorstellung im Deutschen bei:

- *prae-esse* befehligen,
- *sub-igere* bezwingen.

4 Welche Aktionsart trifft zu auf:

- *observare* beobachten,
- *devincere* (entscheidend) besiegen.

12

IN- INTER- OB-	Zusammenfassender Test

??

Es gibt jeweils nur eine Lösung. Kreuze sie an!

1. Eines der nachstehenden Verben hat **nicht** die Bedeutung „(drohend) bevorstehen“:	
imminere	w
impendere	x
instituere	y
instare	z
2. Bei einem der nachstehenden Verben ist eine Vokalschwächung (Ablaut) eingetreten:	
includere	w
incumbere	x
inducere	y
irrumpere	z
3. Welches der nachstehenden Verben hat im Deutschen intransitive Bedeutung?	
imponere	w
instituere	x
incedere	y
incitare	z
4. Wo wirkt *in-* als Verneinung?	
impulsus	w
illatus	x
ignotus	y
inclusus	z
5. *Duplex negatio est affirmatio:* Für welche der aufgeführten Wendungen ist dieser Satz von Bedeutung?	
non incolere	w
non invenire	x
non ignorare	y
non illudere	z
6. Welche Form stört die Reihe?	
imploremus	w
indicemus	x
inibimus	y
intendemus	z
7. Eines der aufgeführten Verben hat mit der Tätigkeit des Lehrers in besonderer Weise zu tun:	
inferre	w
invenire	x
instituere	y
incolere	z

8. Eines der nachstehenden Verben wird oft unpersönlich gebraucht:	
incidere	w
invenire	x
evenire	y
eicere	z
9. Welches Verbum paßt nicht in das Wortfeld?	
incipere	w
instituere	x
invadere	y
inire	z
10. Unter „Initiale" versteht man	
eine Eigeninitiative	w
die Einleitung einer Sprengung	x
einen geschmückten Anfangsbuchstaben	y
einen Aufnahmeritus	z
11. Eines der vier Komposita paßt nicht in das Wortfeld:	
obicere	w
opponere	x
obsequi	y
obstare	z
12. Eines der nachstehenden Komposita kann im Deutschen nicht mit einem mit „be-" beginnenden Kompositum wiedergegeben werden:	
obire	w
opponere	x
obtinere	y
obtestari	z
13. Wo steckt das Substantiv?	
obsis	w
obeas	x
obses	y
obisses	z
14. Welches Wort stört die Reihe?	
interfectus	w
interritus	x
interemptus	y
intermissus	z

13

PE- **PEL-** **PER-**	1. durch-
	2. durch und durch, heftig, völlig[1] 3. hin- (bis zum Erfolg), zustande 4. hin- (bis zur Vernichtung), zugrunde 5. fort-, weiter-

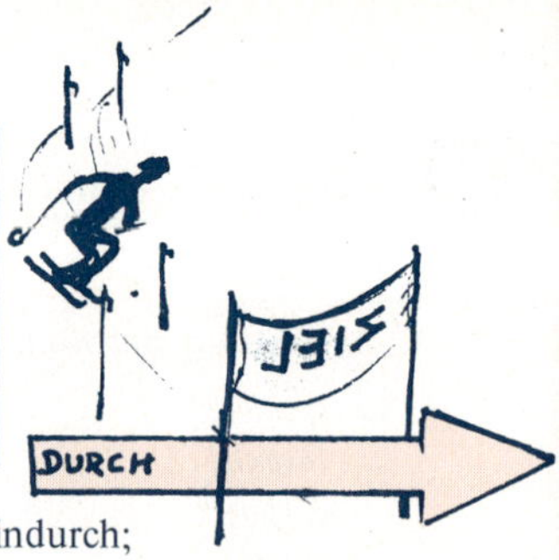
DURCH

PER als Präposition: durch, hindurch, durch ... hindurch; über ... hin

T

	Stammwort		Grundbedeutung des Kompositums		Herleitung leicht	schwierig
1	agere	treiben, führen	**per**-agere	durchführen		vollenden
	facere	machen, tun	**per**-**fi**cere	(durchmachen), durchsetzen	zustande bringen	vollenden
	mittere	schicken, gehen lassen	**per**-mittere	(durchgehen lassen)	erlauben	überlassen, anvertrauen
	(quatere	stoßen, schütteln)	**per**-**cu**tere	durchstoßen		**erschüttern**
	(specere	blicken)	**per**-**spi**cere	durchschauen	erkennen	genau betrachten
2	movere	bewegen	**per**-movere	heftig bewegen		veranlassen
	terrere	schrecken	**per**-terrere	heftig erschrecken	einschüchtern	
	turbare	verwirren	**per**-turbare	völlig durcheinanderbringen	beunruhigen, stören	verwirren
		↗1	**per**-cutere	erschüttern		
3	ducere	führen	**per**-ducere	(hinführen), hinbringen	veranlassen	fortsetzen
	ferre	tragen, bringen	**per**-ferre	hinbringen		**ertragen**, aushalten
	venire	kommen	**per**-venire	hinkommen	ans Ziel gelangen	
		↗1	**per**-agere	vollenden		
		↗1	**per**-ficere	vollenden, zustande bringen		
4	(dare	geben)	**per**-dere	zugrunde richten	verderben	verlieren
	ire	gehen	**per**-ire	zugrunde gehen	umkommen	
5	manere	bleiben, dauern	**per**-manere	fortdauern		verharren
	regere	lenken, „richten“	**pe**-rgere	fortfahren, fortsetzen	weitermachen	
		↗3	**per**-ducere	fortsetzen		

1 *Hier wird die Intensität der Handlung gekennzeichnet. – Im Lateinischen werden* verba intensiva *außerdem dadurch gebildet, daß an den PPP-Stock der Ausgang* -**ā**-re *tritt, z. B.* pellere (*PPP:* puls-um) *treiben, schlagen;* puls-**ā**-re *heftig/stark schlagen, klopfen.*

K Zum Knobeln

1 Das Präfix PER- kann, wie wir gesehen haben, u. a. bedeuten, daß eine Handlung „bis zum Erfolg“ fortgesetzt wird.

1.1 Zeige, wie *per-suadere* (als Kompositum von *suadere* „raten“) zu den Bedeutungen „überreden, überzeugen“ gelangt ist!

1.2 Welche der beiden Wortbedeutungen von *per-suadere* läßt die Weiterführung mit *ut* (bzw. *ne*) erwarten? Warum?

1.3 Bestimme und begründe die Bedeutung von *persuadere* in folgendem Satz:

Catoni persuasum erat Carthaginem esse delendam.

2 Von *tenere* „halten“ ist das Kompositum *per-tinere* abgeleitet.

2.1 Zeige, wie das Kompositum zu der Bedeutung „sich erstrecken“ gelangt ist!

2.2 Suche eine möglichst kurze Übersetzung für:
res, quae ad victum pertinent

3 Das Stammverbum *sequi* heißt „folgen“.
Erläutere anhand der Skizze den Bedeutungsunterschied zwischen:
sequi – per-sequi – con-sequi

consiste!
sequitur, persequitur,
tandem consequitur

4 Führe die folgenden Fremdwörter auf die lateinische Verbform zurück, von der sie gebildet sind, und übersetze diese:

perfekt – permanent – permissiv

5 Welche Verbstämme erkennst Du in:

perspicuus – perpetuus – pernicies (bei diesem Wort ist eine Vokalschwächung im Spiel!)

6 Unter den folgenden Formen sind zwei versteckt, bei denen *per-* nicht Vorsilbe ist, sondern zum Stamm gehört. Welche sind es?

pergi – peregi – perii – periti – perculi – perrexi – periculi – pereat – pertulisse – perlata – perfici – perge

7 In der Verbannung spricht sich Ovid mit folgendem Vers Mut zu:

Pérfer et óbdurá, multó gravióra tulísti!

W Zum Weiterdenken

1 Weitere Verbal-Komposita

1.1 Bestimme die Grundbedeutung der folgenden Komposita:

- *per-cipere (capere),*
- *per-currere,*
- *per-docere,*
- *per-fluere,*
- *per-fringere (frangere),*
- *per-horrescere.*

1.2 Leite die angegebenen Bedeutungen von der jeweils zu erwartenden Grundbedeutung her:

- *per-fodere* ausstechen,
- *per-fundere* erfüllen,
- *per-fungi* sterben,
- *per-orare* eine Rede beenden,
- *per-scribere* ausführlich berichten,
- *per-miscere* verwirren.

1.3 Bestimme die Bedeutung anhand der angegebenen Fremdwörter:

- *per-forare* (perforieren),
- *per-ficere* (perfektionieren).

2 Anwendung auf Nominal-Komposita

2.1 Sehr häufig bedeutet bei Adjektiven das Präfix PER- eine Steigerung, die den Superlativ ersetzt; z. B. *magnus* „groß“, *per-magnus* „sehr groß“. Bestimme entsprechend:

perbeatus, perbrevis, percarus, perdives, perelegans, perfacilis, peridoneus, periratus, perlongus, perridiculus.

2.2 Das Substantiv *bellum* „Krieg“ ist aus **du-ellum* entstanden, wovon das Adjektiv *per-duellis* hergeleitet ist. Erschließe den Sinn des Adjektivs aus dem Kontrast zu *hostis*!

Pirata non est perduellis,
sed communis hostis omnium.

2.3 Ein römischer Rechtsgrundsatz:

Perfecta donatio[1] *condiciones postea non capit*[2].

Übersetze wörtlich und suche dann die deutsche Entsprechung!

S Zur Selbstkontrolle

1 Es ist die Hölle!

(Unter dem römischen Gouverneur Verres hatte Sizilien besonders zu leiden;
daher baten die Sizilier den Anwalt Cicero, dem sie vertrauten, um Hilfe:)

1. „Verres totam insulam **per**turbavit,
animos hominum sceleribus atrocibus **per**cussit,
multas civitates in summam inopiam **per**duxit ingenti avaritia!
2. Sibi omnia **per**missa esse putat!
3. Nisi tu nobis auxilio venies,
perget, quae coepit,
vastationem[3] Siciliae **per**ficiet,
incolas crudelissime **per**det.

---

1 donatio, -onis f: *zu* donare!   2 capere: *(hier im Sinne von) „zulassen“*   3 vastatio, -onis f: *zu vastare*!

4. Itaque speramus te precibus nostris **per**motum iri, ne cunsti **per**eamus.
5. Nam diutius Verres iste **per**ferendus non est!“

2 Häufigere Wortverbindungen

Romam pervenire - animos hominum permovere - ad misericordiam perduci - labores perferre - narrare pergere - id pertinet ad nos - misere perire - iussa perficere

3 Eine zeitlose Erkenntnis Ciceros

Persaepe evenit, ut utilitas cum honestate certet.

4 Ein Ausspruch des Kaisers Titus

Als der Kaiser Titus (79 bis 81 n. Chr.) am Abend feststellte, daß er am vergangenen Tag niemandem eine Wohltat erwiesen hatte, soll er ausgerufen haben:

Amici, diem perdidi!

5 Die Wörterbuch-Form

Nicht immer findet man ein Stammwort im Wörterbuch mit dem Stamm-Inlaut verzeichnet, den man von den Komposita her gewohnt ist.

So begegnen z. B. häufig Verbal-Komposita mit einem ***-i-*** in der Stammsilbe (z. B. *com-prim-ere* zusammendrücken). Bei der Suche nach dem Stammwort ist es von Nutzen, wenn man weiß, welche Stamm-Inlaute diesem *-i-* entsprechen können (in unserem Fall ein ***-e-***: *prem-ere* drücken). Die nachstehende Übersicht gibt die bestehenden Möglichkeiten an:

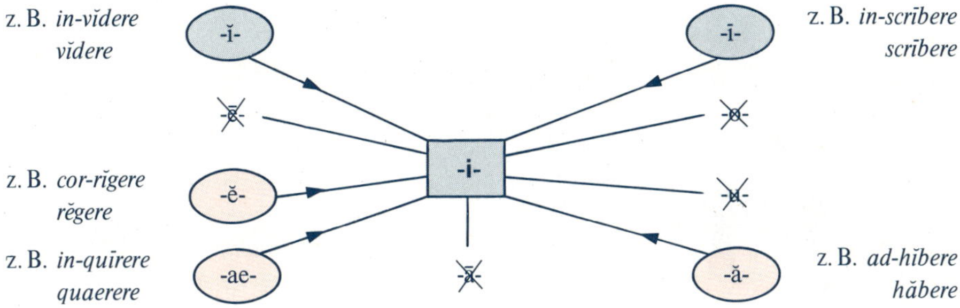
z. B. in-vĭdere
vĭdere
-ĭ-
-ī-
z. B. in-scrībere
scrībere
-i-
z. B. cor-rĭgere
rĕgere
-ĕ-
z. B. in-quīrere
quaerere
-ae-
-ă-
z. B. ad-hĭbere
hăbere

Ordne entsprechend ein:

	-a-	-ae-	-e-	-i-
▶ *perficere*	*facere*	–	–	–
continere				
confiteri				
desilire				
indicere				
obstringere				
amittere				
contingere				
concidere				
exigere				
adimere				
considere				
destituere				
diripere				
decipere				

6 Welches Verbum paßt?

(pervenire, perficere, perdere, permittere, perterrere/permovere/percutere) – Bilde Sätze!

HUH!
WAU!

viatorem ..../.......

primus ad finem ....

oblectamenta ....
(oblectamentum: *Spielzeug*)

GELATI

emptionem ....
(emptio, -onis f: *von* emere!)

aedificium ....

14

PRAE-	1. vor- 2. voran- (an der Spitze) 3. voraus- (kopfüber) 4. vorweg-, vorher- 5. hervor-

1
2
3

PRAE als Präposition: vor;
im Vergleich zu

T

	Stammwort		Grundbedeutung des Kompositums		Herleitung leicht	schwierig
1	habere	haben, halten	**prae**bere	(vor-/hinhalten)	zeigen	darreichen, **gewähren**
	parare	bereiten	**prae**-parare	vorbereiten		
	scribere	schreiben	**prae**-scribere	vorschreiben	verordnen	vorschützen
		↗ 2	**prae**-ponere	vorziehen		
		↗ 4	**prae**-cipere	vorschreiben		
2	esse	sein	**prae**-esse	(voransein)	an der Spitze stehen	**befehligen**, leiten
	facere	machen, tun	**prae-fi**cere	(voranmachen)	an die Spitze stellen	mit der Führung beauftragen
	ponere	stellen, setzen, legen	**prae**-ponere	voranstellen	vorziehen	
	stare	stehen	**prae**-stare	voranstehen	übertreffen	**leisten, erweisen**
3	(caput	Haupt, Kopf)	**prae-ci**pitare	kopfüber hinabstürzen	herabstürzen	sich (hinab)stürzen
4	capere	nehmen, fassen, fangen	**prae-ci**pere	vorwegnehmen		vorschreiben; **unterrichten**
	dicere	sagen	**prae**-dicere	vorhersagen	prophezeien	
5	(dicere	sagen)	**prae**-dicare	(hervorheben)	rühmen	öffentlich bekanntmachen

praeter „vorbei“ ist aus einem Komparativ zu *prae* entstanden (eigtl. „an zwei vorbei“).

K Zum Knobeln

1 Das Kompositum *praebere* läßt nicht mehr erkennen, daß es von *habere* abgeleitet ist: *prae-[hi]bere.*

1.1 Wie läßt sich das Wegfallen von *[hi]* erklären?

1.2 Nenne ein weiteres Kompositum von *habere*, das eine solche Veränderung aufweist!

2 Die Komposita *praebere* und *praestare* können mit dem Akkusativ des Personal- bzw. Reflexiv-Pronomens verbunden werden. – Übersetze:

2.1 *Philippus se moderatum praebuit.*

2.2 *Amicus certus in re incerta stabilem se praestabit.*

3 Das Verbum *prae-cipitare* ist ein sog. Denominativum, da es von dem Nomen *prae-ceps (-cipitis)* „kopfüber" hergeleitet ist, das seinerseits mit *caput, capitis* zusammenhängt.
Man findet *praecipitare* in reflexiver Verwendung, ohne daß *se* dabeisteht.

Übersetze:

3.1 *Flumen Nilus ex altissimis montibus praecipitat.*

3.2 *Non poterit, qui de saxo se praecipitaverit, sustinere se, cum velit.*

4 Kennzeichne die Signale, die Dir in den folgenden Sätzen Hinweise auf die Bedeutung von *praebere* geben!

4.1 *Iam adulescens Sulla se fortem et felicem praebuit.*

4.2 *Egentibus Romae publice panis praebebatur.*

4.3 *Praebe mihi manum, ut te ducam!*

5 Welche Verbstämme erkennst Du in:

praeceptum – praesidium – praeditus – praemium (< prae-emium)

W Zum Weiterdenken

1 Weitere Verbal-Komposita

1.1 Bestimme die Grundbedeutung folgender Komposita:

- *prae-cavere,*
- *prae-cedere,*
- *prae-currere,*
- *prae-damnare,*
- *prae-discere,*
- *prae-mittere.*

1.2 Leite die angegebene Bedeutung von der jeweils zu erwartenden Grundbedeutung her:

- *prae-monere* weissagen
- *prae-ripere* vereiteln
- *prae-tendere* bemänteln
- *prae-sumere* erwarten

1.3 Erkläre anhand des Fremdworts oder umgekehrt:

- *prae-iudicare* präjudizieren
- *prae-disponere* prädisponieren
- *prae-ludere* präludieren
- *prae-sidere* präsidieren

1.4 Das Wort prägnant ist zusammengesetzt aus *prae-* und einem letztlich auf <g>*nasci* zurückgehenden Partizip *-gnans, -ntis.*

(a) Was heißt somit „prägnant" wörtlich?
(b) Wie ist das Wort zu trennen?

1.5 Ein römischer Rechtssatz lautet:

Praesumitur ignorantia, ubi scientia non probatur.

Welche Partei trägt also in einem Rechtsstreit solcher Art die Beweislast? Was muß nicht nachgewiesen werden?

2 Anwendung auf Nominal-Komposita

2.1 Das Präfix PRAE- bezeichnet bei Adjektiven ein Zutreffen der Eigenschaft bis zum Übermaß, z. B. *prae-gelidus* eiskalt.

Bestimme entsprechend die Bedeutungen:

prae-altus, prae-clarus, prae-dives, prae-durus, prae-gravis, prae-pinguis, prae-tenuis, prae-velox

2.2 Erkläre anhand der aufgeführten Fremdwörter:

- *prae-sentia* Präsenz
- *prae-fectura* Präfektur
- *prae-paratio* Präparation
- *prae-positio* Präposition

2.3 Im kaiserzeitlichen Rom traf der *praefectus praetorio* oft die wichtigsten Entscheidungen.

(a) Übersetze den Titel!

(b) Wen befehligte der *praefectus praetorio*?

2.4 Philipp Melanchthon (1497–1560) wurde *praeceptor Germaniae* genannt.

Was will dieser Ehrentitel besagen?

S Zur Selbstkontrolle

1 Baebius bettelt

1. „Ne praeterieritis, cives,
ne praetermiseritis occasionem adiuvandi hominem miserrimum!

2. Severe enim Deus divitibus **prae**cepit et **prae**scripsit,
ut verbis orantium aures **prae**berent,
ut alii aliis clementia **prae**starent,
ut sibi divitias in caelo **prae**pararent!

3. Si vos clementes **prae**stiteritis,
vos per dies noctesque **prae**dicabo;
sed si mihi nihil **prae**bueritis,
vos Diabolus[1] in imum Orcum[2] **prae**cipitet!"

---

1 diábolus, -i: *Teufel*

2 Orcus, -i: *(hier) Hölle*

2 Häufigere Wortverbindungen

legioni praeesse - aures praebere - se fortem praestare - legatum exercitui praeficere - praedicere, quae usui sunt - legatum navibus praeponere

3 Der Pädagoge Amos Comenius (1592–1671) wußte, wie man unterrichtet:

Praecedant exempla, sequantur praecepta!

4 Welches Verbum paßt?

(praecipere, praeesse, se praecipitare, praedicare) - Bilde Sätze!

in undas ....

magister ....

MIRABILITER PURGAT
STUPEBITIS!

caupo merces ....

ceteris ....

15

PRO- PROD-	1. vor- 2. vorwärts- 3. vorher- 4. hervor-
	5. fort-, weg-, los- 6. nieder-, hin-
	7. ver-

HERVOR

PRO- als Präposition: für, anstelle von . . .;
vor (zum Schutz)

T

	Stammwort		Grundbedeutung des Kompositums		Herleitung leicht	schwierig
1	ducere	führen	**pro**-ducere	vorführen	hervorbringen	fortführen
	iacere	werfen	**pro**-icere	(vorwerfen)	hinwerfen	preisgeben
	ire	gehen	**prod**-ire	(vorgehen), vorrücken	hervorkommen	**auftreten**
	nuntiare	melden	**pro**-nuntiare	vortragen	ausrufen, aussprechen	deklamieren
	ponere	stellen, setzen, legen	**pro**-ponere	vorlegen	vorschlagen	**in Aussicht stellen**
		↗ 2	**pro**-cedere	vorrücken		
2	cedere	gehen, „rücken", weichen	**pro**-cedere	vorwärtsgehen	vorrücken	
3	(specere	blicken)	**pro**-spicere	vorhersehen		**sorgen** (für . . .)
	videre	sehen	**pro**-videre	vorhersehen		**sorgen** (für . . .)
4	emere	nehmen	**pro**mere	hervorholen		
	(facere	machen, tun)	**pro**-ficisci	hervorgehen (aus . . .)		**aufbrechen**, (ab)reisen
		↗ 1	**pro**-ducere	hervorbringen		
		↗ 1	**prod**-ire	hervorkommen		
5.1	facere	machen, tun	**pro**-ficere	Fortschritte machen		
		↗ 1	**pro**-ducere	fortführen		
5.2	vehere	fahren	**pro**-vehi	wegfahren, losfahren		sich hinreißen lassen
6	cumbere	sich legen	**pro**-cumbere	sich niederlegen, sich hinlegen		
	sternere	streuen	**pro**-sternere	niederstrecken, niederwerfen, hinstrecken		
7	(dare	geben)	**pro**-dere	verraten	preisgeben	**überliefern**
	fateri	sprechen, bekennen	**pro**-fiteri	versprechen		offen bekennen, gestehen
	fundere	gießen	**pro**-fundere	vergießen		
	habere	haben, halten	**pro**-hibere	(fernhalten)	verhindern, hindern	**abhalten**
	mittere	schicken, gehen lassen	**pro**-mittere	(vorwärtsgehen lassen)		**versprechen**

K Zum Knobeln

1 Das Kompositum *pro-tegere* bedeutet „schützen", „beschützen".
Erkläre das Wort aus seinen Bestandteilen!

2 Das deutsche Verbum „fördern" hängt etymologisch mit „vor" zusammen.
Erkläre die Bedeutungen von *prod-esse* unter diesem Gesichtspunkt!

3 Das Kompositum *pro-sequi* wird im Zusammenhang mit dem öffentlichen Auftreten von Politikern verwendet.
Wie konnte es die Bedeutung „geleiten" erlangen?

4 Das Kompositum *pro-mittere* bedeutet ursprünglich „vorwärts gehen lassen".

4.1 Übersetze:
lacrimas promittere; barbam promittere

4.2 Entwickle aus dem Beispiel *auxilium promittere* die Bedeutung „versprechen"!

5 Das Kompositum *pro-nuntiare* bedeutet ursprünglich „öffentlich ausrufen".
Versuche zu erklären, wie das Wort zu der Bedeutung „aussprechen" kam!

6 Die deutsche Vorsilbe „ver-" hängt mit „vor-" zusammen.
Was bedeutet also z. B. *pro-fundere* wörtlich?

7 Das Substantiv *pro-pago, -inis* bedeutet ursprünglich „Pfropfreis", „Ableger".

7.1 Was ergibt sich hieraus für die ursprüngliche Bedeutung von *pro-pagare*?

7.2 In welchem Zusammenhang wird das von *pro-pagare* abgeleitete Fremdwort gebraucht?

8 Welche lateinischen Verbformen erkennst Du in
Prospekt - Prozeß - Produzent - Professor - Projekt - Produkt?

9 Wodurch wird die Bedeutung von *providere* in den folgenden Sätzen festgelegt?

9.1 *Tiresias futura providit.*

9.2 *Circe Ulixi providit.*

10 Die Form *pro-fic-isc-or* läßt sich in vier Bestandteile zerlegen.
Erläutere, was jeder von ihnen aussagt!

11 Ordne die folgenden Formen in drei Gruppen und setze als Überschrift jeweils die „Wörterbuchform“ der drei Verben, die hier kräftig durchgemixt wurden!

Achtung: Es gibt mehrdeutige Formen!

prodeas - prodes - proderas - prodebat - prodis - prosit - proditis - prositis - prodibit - prodidit - profui - proderunt - prodiderunt - prodierunt - prodi - prode - prodidi - prodii

12 Ein römischer Rechtssatz:

Propositum in mente retentum nihil operatur[1].

13 Und ein Satz aus den Carmina Burana (12. Jh.):

Méum est propósitúm ín tabérna móri ...

W Zum Weiterdenken

1 Weitere Verbal-Komposita

1.1 Bestimme die jeweilige Grundbedeutung von:

- *pro-pellere,* - *pro-scindere,*
- *pro-pugnare,* - *pro-silire,*
- *pro-ripere,* - *pro-vocare.*

1.2 Führe die angegebenen Bedeutungen auf die jeweils zu erwartende Grundbedeutung zurück:

- *pro-curare* verwalten,
- *prod-igere* verschwenden,
- *pro-ferre* zeigen,
- *pro-fligare* beseitigen,
- *pro-gredi* sich versteigen (zu ...),
- *pro-merere* sich zuziehen.

1.3 Erkläre mittels der Fremdwörter oder umgekehrt:

- proklamieren *(pro-clamare),*
- projizieren *(pro-icere),*
- projektieren *(pro-icere),*
- promovieren *(pro-movere),*
- proskribieren *(pro-scribere),*
- prozessieren *(pro-cedere).*

1.4 Was will folgender Ausdruck besagen:

„Wir müssen uns zuerst über das Procedere einigen!“

---

1 *operari:* bewirken

2 Anwendung auf Nominal-Komposita

2.1 Das Suffix *-itas* bezeichnet in der Regel eine äußere oder eine innere (man kann auch sagen: eine physische oder eine moralische) Beschaffenheit.

Bestimme die Bedeutung folgender Substantive:

- *proceritas* (*procerus* schlank),
- *procacitas* (*procax* frech),
- *proclivitas* (*proclivis* abschüssig),
- *propinquitas* (*propinquus* nahe),
- *prosperitas* (*prosperus* günstig).

2.2 Bilde die zugehörigen Substantive auf *-tor/-sor* und ermittle deren Bedeutung:

(Achtung: oft ist der PP-Stamm zu verwenden!)

- *pro-fiteri* ....
- *pro-dere* ....
- *pro-pugnare* ....
- *pro-videre* ....
- *pro-curare* ....
- *pro-vocare* ....

2.3 Führe die folgenden Fremdwörter auf lateinische Verben zurück:

- Progression ....
- Promotion ....
- Prominenz ....
- Protektion ....
- Provision ....
- Prozession ....

2.4 Im alten Rom hießen die Angehörigen der untersten Klasse *proletarii.* Ihnen wurde zugerechnet, wer nicht mehr als 1.500 *asses* besaß. Er war vom Kriegsdienst befreit.

Das Wort *proletarius* kommt von *proles* „Sprößling“, „Nachkommenschaft“; dieses wieder hängt mit *alere* „ernähren“ zusammen (< *pro-oles*).

Was erwartete der römische Staat also von einem *proletarius*?

2.5 Was besagt das Motto in dem nebenstehenden Familienwappen?

TE DUCE PROFICIO

S Zur Selbstkontrolle

1 Blick in die Zukunft

1. Ulixes ab insula Circes[1] **pro**fectus aeternae noctis loca petivit,
   ut Tiresiam[2] futura **pro**videntem de sorte sua consuleret.
2. Sanguine duorum arietum **pro**fuso
   plurimae umbrae e faucibus Orci **pro**dierunt,
   sed Ulixes eas sanguine **pro**hibuit gladium **pro**mens.
3. Tandem Tiresias apparuit
   et futura, quae **pro**spexit, **pro**didit.
4. Inter alia et haec Ulixi **pro**posuit:
5. „In mare altum **pro**vectus
   multa mala perferes;
   omnibus comitibus amissis
   sero in patriam pervenies,
   ubi mendicus[3] ante ianuam tuam **pro**cumbes.
6. Sed a deis **pro**tectus
   adversarios tuos **pro**sternes.
7. Haec tibi **pro**mitto et **pro**fiteor!"

2 Häufigere Wortverbindungen

gladium promere - fines imperii propagare - amicum prodere - rem frumentariam providere - testes producere - lacrimas profundere - adversarios proscribere - res futuras prospicere - in Italiam proficisci - in publicum prodire

3 Die Römer hatten feine Ohren

Cicero berichtet, wie genau man auf den Vortrag eines Textes durch einen Schauspieler achtete: Histrio[4], si versus pronuntiatus est syllabā[5] unā brevior aut longior, exsibilatur[6] et exploditur[7].

1 Circe, -es: *Circe (zauberkundige Göttin, auf deren Insel sich Odysseus längere Zeit aufgehalten hatte)*
2 Tirésias, -ae: *Teiresias, ein berühmter Seher, dessen Schatten Odysseus im Totenreich* (Orcus) *befragte*
3 mendícus, -i: *Bettler (hier prädikativ gebraucht!)*
4 hístrio, -onis m: *Schauspieler*
5 sýllaba, -ae: *Silbe*
6 ex-sibilare: *auspfeifen*
7 ex-plódere (*von* plaudere): *auszischen, ausbuhen*

4 Welches Verbum paßt?

(procedere, prodire, proicere, prospicere/providere, prosternere, profundere, prodere, producere, provehi, procumbere, pronuntiare) - Bilde Sätze!

res futuras .... / ....

....

orator magna voce ....

negotia prospere ....

adversarium ....

gallinis pabulum ....
gallina, -ae: *Huhn*

reum ....

in scaenam ....
(scaena, -ae: *Bühne*)

quietis causa ....

amicum ....

aquam ....

Z Aktionsarten

1 Bei den Komposita mit COM-, DIS- und EX- wurden die Aktionsarten „durativ“ und „punktuell“ erläutert. Es ist Dir also bekannt, daß man, um sie im Deutschen auszudrücken, auch Vorsilben verwendet, die nicht oder nicht mehr als selbständige Wörter (Adverbien oder Präpositionen) vorkommen.

Zur Übersetzung von Komposita, die mit PRO- gebildet sind, dient oft die deutsche Vorsilbe

VER-

VER- entspricht dem selbständigen Wort „vor“ (z. B. *prohibere* verhindern – urspr. im örtlichen Sinn).

Mit *„ver-“* gebildete Komposita bezeichnen u. a. den **Abschluß** einer Handlung (z. B. verblassen, verblühen, verbrennen: *resultativ*), oft mit Kritik am Ergebnis (z. B. verpassen, sich verrechnen, verspielen).

teilen : verteilen

2.1 In welchem Verhältnis stehen die Verben in folgenden Dreiergruppen zueinander?

erarbeiten –	bearbeiten –	verarbeiten
erkennen –	bekennen –	verkennen
erbauen –	bestellen –	verstellen
erwirken –	bewirken –	verwirken

2.2 Bei welchem der mit „ver-“ gebildeten Komposita der obigen Aufstellung ist die Bedeutung „vor“ noch erkennbar?

2.3 Ordne den lateinischen Verben die deutschen Bedeutungen zu:

a) *profundere*	A) verkünden
b) *procurare*	B) verlängern
c) *producere*	C) verheißen
d) *proferre*	D) verwehren
e) *profiteri*	E) verwalten
f) *prohibere*	F) vergießen
g) *pronuntiare*	G) vertagen

3.1 Weitere Komposita mit „ver-“

AB-	*a-mittere*	verlieren
	ab-dere	verbergen
AD-	*ac-cipere*	vernehmen
	ap-petere	verlangen (nach . . .)
	ad-ducere	veranlassen

COM-	*com-ponere*	vergleichen, verfassen
	con-scribere	verfassen
	con-ferre	vergleichen
	con-icere	vermuten
	co-nectere	verknüpfen, verbinden
	con-firmare	verstärken
	com-movere	veranlassen
	com-parare	verschaffen
	cor-rigere	verbessern
DE-	*de-icere*	vertreiben
	de-spicere	verachten
	de-fendere	verteidigen
	de-pellere	vertreiben
	de-stituere	verlassen
	de-clarare	verkünden
DIS-	*dis-ponere*	verteilen
	di-spergere	verbreiten
	di-stare	verschieden sein
	dis-tribuere	verteilen
	dis-sipare	vergeuden
EX-	*e-gredi*	verlassen
	e-icere	vertreiben
	ex-pellere	vertreiben, verbannen
	ex-citare	verursachen
	e-mendare	verbessern, vervollkommnen
IN-	*in-ducere*	veranlassen
	il-ludere	verspotten
	im-pellere	veranlassen
	in-cumbere	sich verlegen (auf ...)
INTER-	*intel-legere*	verstehen
	inter-mittere	verstreichen lassen
	inter-dicere	verbieten
PER-	*per-movere*	veranlassen
	per-ducere	veranlassen
	per-dere	verderben, verlieren
	per-manere	verharren
	per-turbare	verwirren
PRAE-	*prae-scribere*	verordnen
PRO-	↗ 15.T7	
RE-	*red-igere*	versetzen (in einen Zustand)
	re-linquere	verlassen
	re-quirere	verlangen

3.2 Stelle aus dieser Liste Wortgruppen zusammen, die bedeuten:
vergleichen - verlassen - veranlassen - vertreiben - verfassen - verteilen.

16

PER-
PRAE-
PRO-

Zusammenfassender Test

zz

Es gibt jeweils nur eine Lösung. Kreuze sie an!

1. Einem der nachstehenden Verben entspricht im Deutschen kein Kompositum mit „ver-“:				
perdere	w			
permovere		x		
permanere			y	
peragere				z
2. Eine der folgenden Formen **kann** auch Adverb sein:				
profecti	w			
profecta		x		
profecto			y	
profectis				z
3. Welches der nachstehenden Verben hat die Bedeutung „Fortschritte machen“?				
prodire	w			
proficere		x		
procedere			y	
provehi				z
4. Welches Wort paßt seiner Bedeutung nach **nicht** in die Reihe?				
prosternere	w			
occīdere		x		
percutere			y	
praeficere				z
5. Wo verbirgt sich ein Kompositum von *regere*?				
peregi	w			
pergam		x		
peractus			y	
peragi				z
6. Wer seine Kinder ‚permissiv‘ erzieht,				
schickt sie oft auf Reisen.	w			
läßt ihnen viel durchgehen.		x		
erklärt ihnen alles genau.			y	
hat kein Vertrauen zu ihnen.				z
7. Komposita mit *per-* können ausdrücken, daß eine Handlung zu Ende geführt wird (sog. punktuelle Aktionsart). Bei welchem der aufgeführten Verben ist dies (von der Wortbedeutung her) der Fall?				
perturbare	w			
pergere		x		
peragere			y	
perducere				z

8. Welche Verbenfolge gibt den Handlungsablauf in der wahrscheinlichsten Reihenfolge wieder?	
Caesar e castris ...; Alesiam ...; oppidum ...; tandem ...	
profectus est - oppugnavit - occupavit - pervenit	w
profectus est - pervenit - oppugnavit – occupavit	x
pervenit - profectus est - occupavit - pervenit	y
occupavit - oppugnavit - profectus est - pervenit	z
9. Welcher Satz paßt **nicht** in die Vorstellungsreihe?	
Orator *magna voce pronuntiat.*	w
animos audientium permovet.	x
civibus persuadet, ut reum absolvant.	y
procumbit.	z
10. Welches der nachstehenden Verben verlangt nach einer Weiterführung mit *ut* bzw. *ne*?	
permitto	w
perspicio	x
profiteor	y
praedico	z
11. Mit welchem der aufgeführten Präfixe wird *esse* **nicht** verbunden?	
ob-	w
prae-	x
com-	y
pro-	z
12. Eines der aufgeführten Verben paßt seiner Bedeutung nach nicht in die Reihe:	
perdere	w
prodere	x
obicere	y
proicere	z

17

RE- **RED-**	1. zurück- 2. wieder- 3. wider-, entgegen-

BANK
ZURÜCK

RE kommt als Präposition nicht vor

T

	Stammwort		Grundbedeutung des Kompositums		Herleitung leicht	Herleitung schwierig
1	agere	treiben, führen	**red-igere**	zurücktreiben		in einen Zustand versetzen
	capere	nehmen, fassen, fangen	**re-cipere**	zurücknehmen	wieder bekommen	aufnehmen
	cedere	gehen, „rücken", weichen	**re-**cedere	zurückweichen	sich zurückziehen	
	(dare	geben)	**red-**dere	zurückgeben		**machen** (zu ...)
	emere	nehmen, kaufen	**red-imere**	(zurückkaufen)	loskaufen, freikaufen	erkaufen
	ferre	tragen, bringen	**re-**ferre	zurückbringen		**berichten**
	ire	gehen	**red-**ire	zurückgehen	zurückkehren	
	(linquere	lassen)	**re-**linquere	zurücklassen	verlassen	hinterlassen
	mittere	schicken, gehen lassen	**re-**mittere	zurückschicken		nachlassen
	movere	bewegen	**re-**movere	(zurückbewegen)	wegschaffen	entfernen
	pellere	treiben	**re-**pellere	zurücktreiben	abweisen	
	petere	erstreben, verlangen	**re-**petere	zurückverlangen		wiederholen
	premere	drücken	**re-primere**	(zurückdrücken)	unterdrücken	
	(specere	blicken)	**re-spicere**	(zurückblicken) zurückschauen	berücksichtigen	
	stare	stehen	**re-**stare	(zurückstehen)	übrig sein, übrigbleiben	
	tenere	halten	**re-tinere**	zurückhalten		behalten
	verti	sich wenden, sich drehen	**re-**verti	zurückkehren		
	vocare	rufen	**re-**vocare	zurückrufen		
2	creare	erschaffen	**re-**creare	wiederbeleben	erfrischen	
	facere	machen, tun	**re-ficere**	wiederherstellen	erneuern	
	(novare	erneuern)	**re-**novare	wiederherstellen	erneuern	
	quaerere	suchen, fragen	**re-quirere**	(wieder suchen)	aufsuchen	fragen, verlangen
	scindere	abreißen	**re-**scindere	(wieder abreißen)	einreißen	
	statuere	stellen, setzen	**re-stituere**	wiederherstellen		
		↗1	**re-**cipere	wiederbekommen		
		↗1	**re-**petere	wiederholen		
3	sistere	sich stellen	**re-**sistere	Widerstand leisten	stehenbleiben	
	spondere	geloben, versprechen	**re-**spondere	erwidern	antworten	

K Zum Knobeln

1 Von dem Stammwort *párere (pario, peperi, partum)* „gebären“, „gewinnen“ leitet sich das Kompositum *re-perire* her.

Erläutere, wie *re-perire* zu der Bedeutung „finden“ gelangt ist!

2 Mit dem Substantive *causa* hängt das Kompositum *re-cusare* zusammen (vgl. *ac-cusare*). Es bedeutet wörtlich „mit Gründen zurückweisen“.

Wie kommt das Wort zu der Bedeutung „sich weigern“?

3 Das Kompositum *re-prehendere* bedeutet wörtlich „durch Ergreifen zurückhalten“.

Versuche zu erklären, wie *re-prehendere* zu der Bedeutung „tadeln“, „rügen“ gekommen sein mag!

4 Führe die folgenden Sätze so zu Ende, daß die Bedeutung des hervorgehobenen Fremdwortes vom Lateinischen her erklärt wird!

4.1 In der **Redaktion** einer Zeitung werden die einlaufenden Nachrichten und Beiträge der Mitarbeiter in eine druckreife ....

4.2 Wer vor einem anderen **Respekt** hat, ... dessen Ansichten und Wünsche.

4.3 Unter **Remittenden** versteht man Bücher, die vom Buchhändler an den Verlag ....

4.4 Ein **Repetent** ist ein Schüler, der ein Schuljahr .... muß.

4.5 Als **repressiv** bezeichnet man einen Erziehungsstil, der den Willen des zu Erziehenden zu .... sucht.

5 Auf Rezepten findet sich oft die Abkürzung „Rp.“ für *récipe.*

Was bedeutet wohl diese Anweisung des Arztes an den Apotheker?

6 Sondere die Formen aus, die **nicht** mit RE- gebildet sind:

redigi – reficiam – regitis – rerum – retinent – reditus – regiones – relata – reppuli – repente – reris – recenti

7 Ein heute noch gültiger Grundsatz des römischen Rechts:

Refertur ad universos, quod publice fit per maiorem partem.

Wie nennt man den im quod-Satz beschriebenen Beschluß heute (mit **einem** Wort)?

W Zum Weiterdenken

1 Weitere Verbal-Komposita

1.1 Bestimme die Grundbedeutung der folgenden Komposita:

- *re-bellare,*
- *re-censere,*
- *re-clamare,*
- *re-cognoscere,*
- *re-currere,*
- *re-flectere.*

1.2 Führe die angegebenen Bedeutungen auf die jeweils zu erwartende Grundbedeutung zurück:

- *re-formare* umgestalten,
- *re-fugere* entschwinden,
- *re-legare* verbannen (*legare* „gesetzlich verfügen"),
- *re-manere* ausharren,
- *re-nasci* aufs neue beginnen,
- *re-praesentare* bar bezahlen (*praesens* „gegenwärtig").

1.3 Erkläre mit Hilfe der angegebenen Fremdwörter (oder umgekehrt):

- *re-generare* regenerieren,
- *re-ferre* referieren,
- *re-servare* reservieren.

2 Anwendung auf Nominal-Komposita

2.1 Manche Substantive werden mit dem Suffix *-culum (-culus)* gebildet, aus dem im Deutschen vielfach „-kel" wird, z. B. *perpendiculum* - Perpendikel; *oraculum* Orakel; *articulus* Artikel. Solche Wörter bezeichnen ein Werkzeug, eine Einrichtung, gelegentlich auch eine Verkleinerung.

Versuche zu erklären:

- *re-ceptaculum fugientium,*
- *re-tinaculum navis.*

2.2 Erschließe mit Hilfe von Fremdwörtern:

- *re-liquiae, -arum* (Reliquien)
- *re-bellis, -e* (Rebell),
- *re-sonus, -a, -um* (Resonanz).

2.3 Wenn ein römischer Beamter bei der Verwaltung einer Provinz unrechtmäßig Gelder an sich gebracht hatte, wurde er *de repetundis* angeklagt.

Welches Substantiv ist bei *repetundis (= repetendis)* zu ergänzen?

2.4 Ein mündlicher Bericht wird gelegentlich mit dem Ausdruck *relata refero* eingeleitet oder abgeschlossen.

Was will der Sprecher damit ausdrücken?

S Zur Selbstkontrolle

1 Rückzug oder Widerstand?

(Das folgende Gespräch zwischen den römischen Soldaten Aulus (A.) und Titus (T.) könnte zu Anfang des 5. Jh.s n. Chr. stattgefunden haben, als sich die römische Herrschaft nördlich der Alpen allmählich auflöste.)

A: Hac nocte castellum **re**linquemus et in Italiam **re**vertemur.
Quid aliud nobis **re**stat?
Neque Germanos **re**primere (possumus)
neque pecunia pacem **red**imere possumus,
nam pecunia deest, desunt arma ...

T: Turpe est **re**cedere,
cum **re**sistendo nos servare possumus.
Nonne **re**cordaris imperium Romanum iam saepe in summo discrimine
renovatum et **re**stitutum esse?
Fortasse nobis mox victoriae legionum nostrarum **re**ferentur.
Tum regiones opesque amissas **re**cipiemus,
tum hostibus **re**pulsis optimo vino nos **re**creabimus ...

A: Istud vinum tu solus potare poteris,
nam me non **re**tinebis!

T: **Re**miniscere omnes vias a Germanis infestas[1] **red**di!

A: Mox hoc castellum infestum[1] **red**dent!
Itaque me **re**cipiam, ne in servitutem **red**igar.
Gloriam et honorem libenter tibi **re**linquam,
qui imperium **re**fectum iri speras! Vale!

2 Häufigere Wortverbindungen

damnum reparare - in patriam redire - exulem revocare - vires recreare - in continentem reverti - e Germania recedere - hosti resistere - in provinciae formam redigere - carmen recitare - virtus requiritur - remedium reperire - viam infestam reddere - captivum redimere - vitia reprehendere - victoriam reportare - bellum renovare - fugitivum reducere - servos reprimere - argumentum refellere - vires reficere - pontem rescindere

3 Publilius Syrus kannte seine Pappenheimer:

Consuéta vítia férimus, nóva repréndimús[1].

DICI
CON
ONES

Condiciones nostras reicere videntur.

1 reprendimus = re-prehendimus

4 Euphemismus

4.1 Es gilt als nicht schicklich, bestimmte Tatsachen des Lebens mit dem eigentlichen zutreffenden Wort zu benennen. Die als Ersatz eintretenden Umschreibungen bemühen sich, den Sachverhalt auf verträglichere Weise, verhüllt, mitunter verharmlosend auszudrücken. Man spricht dann von einem „Euphemismus" (von gr. euphēmismós).

Ganz besonders gilt dies für Wörter, die das Sterben bezeichnen; vgl. im Deutschen „Er hat uns für immer verlassen", „er ist von uns gegangen", „er ist heimgegangen", „er ist aus dem Leben geschieden" u. v. a.

Entsprechendes findet man auch im Lateinischen:

(a) *exstingui*

(b) *perire*
interire

(c) *decedere*
e vita *cedere* (auch: *vitā*)
excedere
discedere (auch: *vitā*)
abire
exire
egredi
proficisci

(d) *vivere* *desinere*
esse *desinere*

(e) *vitam* *ponere*
relinquere

(f) *animam* *efflare*
edere

(g) *extremum vitae spiritum edere*

(h) *homines relinquere*
inter homines esse desinere

(i) *naturae* *satisfacere*
concedere
debitum reddere
vitam reddere

(j) *diem supremum obire*

(k) *mortem* *obire*
occumbere
oppetere

(l) *mori*

4.2 Ordne die obigen Gruppen (a–l) den folgenden Vorstellungsbereichen zu:

1. Das Lebenslicht erlischt.	
2. Der Lebensatem verläßt den Menschen.	
3. Die Lebenszeit ist abgelaufen.	
4. Eine Last wird abgelegt.	
5. Ein Darlehen wird zurückbezahlt.	
6. Man entfernt sich aus dem Leben.	
7. Man verläßt den Kreis der Lebenden.	
8. Man hört auf zu leben.	
9. Man geht dem Tod entgegen.	
10. Man versinkt.	

Mehrfachnennungen sind möglich!
Welches Wort ist nicht unterzubringen? Warum?

5 Einsetzübung

Setze die angebotenen Formen an passender Stelle in die folgenden Sätze ein, und übersetze:
redemptum iri – redegisse – rediret – reddi

1. Verres Siciliam in summam inopiam ..... dicitur.
2. Ignorasne vias a Germanis infestas ..... ?
3. Piratae speraverunt Caesarem ab amicis ....
4. Neque Augustus neque Tiberius Ovidio poetae permiserunt, ut Romam ....

6 Welches Verbum paßt?

(relinquere – recovare – removere/reprimere – redire – recreare – retinere – repellere/redigere – respicere) – Bilde Sätze!

abeuntes ....

canem ..../.......

fugitivum ....

adversarium ..../.......

puellam ....

sordes ....
(sordes, -ium: *Schmutz, Abfall*)

hospites sitientes ....

18

SU- **SUB-** **SUC-** **SUF-** **SUM-** **SUP-** **SUR-** **SUS-**	1. unter- (nach unten) 2. heran- (von unten) 3. zu Hilfe 4. heimlich, unmerklich 5. er-

NACH UNTEN

VON UNTEN

SUB- als Präposition: unter, unter … hin

T

	Stammwort		Grundbedeutung des Kompositums		Herleitung leicht	schwierig
1	agere	treiben, führen,	**sub-igere**	unterwerfen	bezwingen	
	(cumbere	sich legen)	**suc-**cumbere	unterliegen	erliegen	
	iacere	werfen	**sub-icere**	unterwerfen		
	(tenere	halten)	**sus-**tentare	unterstützen		aushalten; sich aufrecht halten
2	capere	nehmen, fangen, fassen	**sus-ci**pere	(von unten her einspringend) übernehmen		aufnehmen
	cedere	gehen, „rücken", weichen	**suc-**cedere	(von unten her aufsteigend herangehen)		nachfolgen, nachrücken, **gelingen**
	ire	gehen	**sub-**ire	(von unten her helfend) herangehen		auf sich nehmen, erdulden
	(specere	blicken)	**su-**spi**c**ari	(von unten her mißtrauisch anblicken)		argwöhnen, vermuten
	tenere	halten	**sus-ti**nere	(von unten her stützend halten)		aushalten, ertragen
		↗1	**sus-**tentare	(von unten her helfend) unterstützen		
3	currere	laufen, eilen	**suc-**currere	zu Hilfe eilen		
	venire	kommen	**sub-**venire	zu Hilfe kommen		abhelfen
4	rapere	rauben	**sur-ri**pere	heimlich wegnehmen		
5	regere	lenken, „richten"	**su-**rgere	sich erheben	aufstehen	
		↗1	**suc-**cumbere	erliegen		
		↗2	**sub-**ire	erdulden		
		↗2	**sus-**tinere	ertragen		

K Zum Knobeln

1 Von *emere* „nehmen" ist das Kompositum *sumere* „(in Empfang) nehmen" abgeleitet, wobei als Zwischenstufe **subs-emere* anzunehmen ist.

Nenne weitere Komposita von *emere* mit vergleichbarer Lautentwicklung!

2 Von *regere* „lenken", „richten" ist das Kompositum *surgere* „sich erheben" abgeleitet, wobei als Zwischenstufe **subs-regere* anzunehmen ist.

Nenne ein weiteres Kompositum von *regere* mit vergleichbarer Lautentwicklung!

3 Das Kompositum *sub-ire* bedeutet „unter etwas (z.B. unter eine Last) gehen", „ertragen", „erdulden", **nicht** aber, wie man vermuten könnte, „untergehen".

Welches andere Kompositum von *ire* hat die Bedeutung „untergehen"?

4 Das Kompositum *sup-petere* wird intransitiv gebraucht; es bedeutet „reichlich vorhanden sein", „ausreichen". Übersetze:

Copiae suppetunt sumptibus.

5 Fülle die Lücken in der folgenden Erklärung:

Das Adverb *subito* ist von .... gebildet; da die Vorsilbe .... auch „heimlich", „unmerklich" bedeuten kann, beschreibt *subito* also die Wirkung eines Vorgangs, bei dem etwas .... sich entwickelte und dann .... da war.

6 Das Adjektiv *secundus* ist von *sequi* herzuleiten; wörtlich bedeutet es das, was folgt - und somit auch den zweiten (der dem ersten folgt).

Die überraschende Bedeutung „glücklich" erklärt sich daraus, daß es einem Menschen Freude macht, wenn die Ereignisse seinem Willen „folgen", also sich in seinem Sinne entwickeln, während er sich vom Pech verfolgt fühlt, wenn alles gegen ihn ist *(res adversae!).*

(a) Versuche, anhand dieser Information die Bedeutung „gelingen" bei *suc-cedere* zu erklären!
(b) Übersetze: *Tempus cottidie melius succurrit Caesari.*

7 Bilde bedeutungsgleiche Paare:

adiuvare	und	....
subigere	und	....
perferre	und	....
succedere	und	....
opinari	und	....
pati	und	....

Eine Hilfe: Alle gesuchten Wörter beginnen mit *su*...!

8 Eine Maxime des stoischen Philosophen Epiktet (50–130 n. Chr.) lautet in lateinischer Übersetzung:

Sustine et abstine!

W Zum Weiterdenken

1 Weitere Verbal-Komposita

1.1 Bestimme die Grundbedeutung der folgenden Komposita:

- *sub-ducere,*
- *sub-dere,*
- *sub-levare,*
- *sub-sequi,*
- *sub-sternere,*
- *sup-ponere.*

1.2 Gib die zu erwartende Grundbedeutung folgender Komposita an:

- *sus-péndere* unentschieden lassen
- *sup-plere* vollzählig bemannen,
- *sum-movere* beiseite drängen,
- *sub-trahere* unterschlagen.

1.3 Erkläre anhand der gegebenen Fremdwörter oder umgekehrt:

- *sub-sumere* subsumieren,
- *sub-scribere* subscribieren,
- *sub-stituere* substituieren.

1.4 Ein römicher Rechtsgrundsatz:

Succuritur minori.
(*minor:* (hier) „minderjährig")

2 Anwendung auf Nominal-Komposita

2.1 Das Präfix SUB- bedeutet bei Adjektiven oft, daß die betreffende Eigenschaft nur in eingeschränktem Maße vorhanden ist, z. B. *sub-difficilis* ziemlich schwierig.

Bestimme entsprechend:

- *sub-durus,*
- *sub-iratus,*
- *sub-tristis,*
- *sub-turpis,*
- *sub-albus,*
- *sub-niger.*

2.2 Erkläre anhand der angegebenen Fremdwörter (oder umgekehrt):

- *sub-iectivus* subjektiv,
- *suc-cessivus* sukzessiv,
- *sub-alternus* subaltern,
- *sub-sidiarius* subsidiär,
- *sub-versivus* subversiv.

2.3 Eine Spritze wird „subkutan" gegeben (*cutis, -is:* „Haut").
Erkläre das Wort!

2.4 Ein römischer Rechtssatz:
Subscribens consentire subscriptis censetur.
(*censere:* (hier) annehmen)

S Zur Selbstkontrolle

1 Zu Hilfe!

(Ein römischer Zenturio ist mit seinen Leuten in Bedrängnis geraten; daher schickt er einen Meldereiter mit folgender Botschaft an seinen Vorgesetzten:)

1. Impetum hostium magno agmine **suc**cedentium
   non diutius **sus**tinere possumus.
2. **Suc**curre nobis proeliumque **sus**tenta,
   ne **suc**cumbamus!
3. Una cum te hostes **sub**igemus;
   ergo **sub**venias!

2 Häufigere Wortverbindungen

labores sustinere – imperatori mortuo succedere – amicis succurrere – causam miserorum suscipere – aegroto subvenire – vitae periculum subire – ex sella surgere – librum surripere

3

Publilius Syrus wußte um die Verletzlichkeit des Menschen:

Súspició probátis[1] tácita iniúria ést.

Daher verurteilt er den, der stets voll Argwohn ist:

Súspiciósus ómniúm damnát fidém.

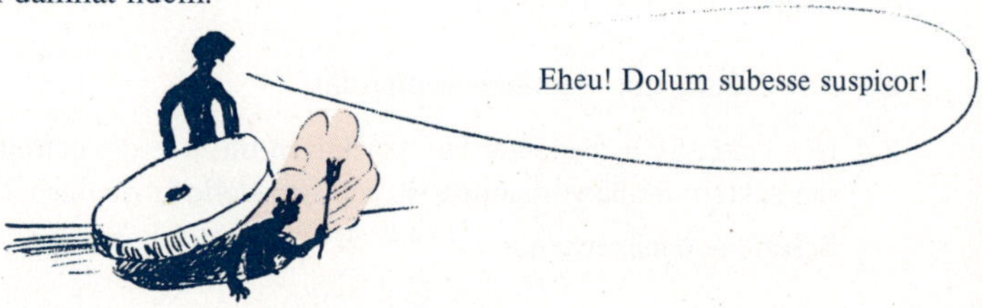
Eheu! Dolum subesse suspicor!

4 Welches Verbum paßt?

(sublevare – succurrere/subvenire – surgere – suscipere – sustinere – succumbere/subigere)

ääh …
hem …

Claudius non libenter e lecto …….

1 probatus: *(hier =)* vir probus

adiutores ..../.......

Atlas caelum ....

cursor facem ....
(fax, facis: *Fackel*)

sarcinam ....
(sarcina, -ae: *Gepäck*)

adversarius ....,
victor eum ....

Z Akionsarten

1.1 Weitere Komposita, die mit der Vorsilbe „er-“ gebildet sind (↗ 3.Z!):

AD-	*ad-monere*	ermahnen, erinnern
	ap-petere	erstreben
	ac-cidit	es ereignet sich
	a-scendere	ersteigen

CON-	↗ 3.T 6!	
DE-	*de-ligere*	erwählen
	de-liberare	erwägen
	de-prehendere	ergreifen, ertappen
	de-clarare	erklären
DIS-	*dis-putare*	erörtern
	dis-serere	erörtern
EX-	*e-venit*	es ereignet sich
	e-ligere	erwählen
	ex-quirere	erfragen, sich erkundigen
	ex-spectare	erwarten
	ex-citare	erregen
	e-rigere	ermutigen
	ex-struere	errichten
IN-	*in-dicere*	erklären
	im-plorare	erflehen
	in-venire	erfinden
INTER-	*intel-legere*	erkennen
PER-	*per-mittere*	erlauben
	per-spicere	erkennen
	per-ferre	ertragen
	per-terrere	erschrecken
PRAE-	*prae-stare*	erweisen
RE-	*red-imere*	erkaufen
	re-creare	erfrischen
	re-ficere	erneuern
	re-novare	erneuern
	re-spondere	erwidern
SUB-	↗ 18.T 5!	

1.2 Stelle anhand obiger Liste Wortgruppen zusammen, die bedeuten:

- erwägen, - ergreifen,
- erörtern; - erschrecken;
- erkennen, - erwählen,
- erklären; - ertragen.

1.3 Bei dem Kompostium *suc-cumbere* „unterliegen, erliegen" stellt man sich vor, daß der Unterliegende unter etwas zu liegen kommt.

Welche Aktionsart trifft hier zu?

1.4 Wie kann man sich die Bedeutung von *surgere* „sich erheben, sich aufrichten" anhand der Grundbedeutungen von SUB- erklären? (↗ 18.T)

19

TRA- TRAN- **TRANS-**	1. hinüber- 2. über-

HINÜBER

TRANS- als Präposition: über, über ... hinüber; jenseits

T

	Stammwort	Grundbedeutung des Kompositums		Herleitung leicht	schwierig
1	ducere führen	**tra**-ducere	hinüberführen		hinbringen
	ire gehen	**trans**-ire	hinübergehen	überschreiten	
	portare tragen	**trans**-portare	hinüberbringen, hinüberschaffen		
2	(dare geben)	**tra**-dere	übergeben	überliefern	
	↗1	**trans**-ire	überschreiten		

W

Zum Weiterdenken

1 Weitere Verbal-Komposita

1.1 Erschließe die Grundbedeutung der folgenden Komposita:

- *tran-scendere,*
- *tran-scribere,*
- *trans-currere,*
- *trans-fugere,*
- *trans-vehere,*
- *trans-gredi.*

1.2 Bilde Komposita mit TRANS- zu den folgenden Stammwörtern, und gib die Grundbedeutungen an:

- *migrare,*
- *movere,*
- *volare,*
- *ferre.*

1.3 Erkläre anhand der angegebenen Fremdwörter (oder umgekehrt):

- *trans-formare* transformieren,
- *tran-spirare* transpirieren,
- *trans-plantare* transplantieren,
- *trans-ponere* transponieren.

1.4 Wenn ein neuer Papst zur Krönung die Peterskirche betritt, wird ein Bund Werg an einer Kerze angezündet und ausgerufen:

Pater sancte, sic transit gloria mundi!

2 Anwendung auf Nominal-Komposita

2.1 Bestimme die Bedeutung der folgenden Substantive:

tra-ditio	*tra-ditor*	–
tra-ductio	*tra-ductor*	–
tra-iectio	–	*tra-iectus, -ūs*
trans-gressio	*trans-gressor*	*trans-gressus, -ūs*
trans-latio	*trans-lator*	–
trans-missio	–	*trans-missus, -ūs*
trans-itio	–	*trans-itus, -ūs*

2.2 Auf welche Landschaften treffen die folgenden Adjektive zu?

Trans-alpinus – Trans-padanus – Trans-rhenanus – Trans-tiberinus

entsprechend:

trans-marinus – trans-montanus

2.3 Eine Rundfunksendung zu Silvester trägt den Titel TRANSEAMUS! Übersetze und erkläre!

2.4 Noch ein letzter römischer Rechtssatz:

Transactio[1] *est instar*[2] *rei iudicatae.*

S Zur Selbstkontrolle

1 Der Frosch und die Maus

1. Aliquando mus[3] flumen **trans**itura ranam[4] oravit, ut se **trans**portaret.
2. „Libenter“, inquit illa, „te **tra**ducam.“
3. Itaque mus se fidei ranae **tra**didit.
4. Sed medio in flumine rana imum petit, mus cum ea mergitur.
5. **Tra**ditum est dolum ranae non successisse, nam milvus[5] murem ranamque abstulit.

2 Der Mensch im Spiegel des Tierverhaltens

Írretít[6] muscás, transmíttit aránea[7] véspas.

---

1 transactio, -onis: *Vergleich (zwischen streitenden Parteien)* 2 instar *(m. Gen.): gleich*
3 mus, muris: *Maus* 4 rana, -ae: *Frosch* 5 milvus, -i: *Seeadler* 6 ir-retire: *im Netz* (rete) *fangen*
7 aránea, -ae: *Spinnennetz; (auch:) Spinne*

3 Welches Verbum paßt?

(tradere - transire - transfigere - traducere)

asinum ponte flumen ....
(asinus, -i: *Esel*)

tabellarius litteras ....
(tabellarius, -i: *Postbote*)

faber trabem ....
(trabs, -bis f: *Balken*)

Poeni elephantis Alpes ....

Z Aktionsart und Aspekt

Die **Aktionsart** eines Verbums ist an die Wortbedeutung gebunden. Man unterscheidet die durative und die punktuelle Aktionsart,

z. B.	*quaerere* –	*invenire*
	suchen	finden
	(durativ)	(punktuell).

Wenn ein Verbum im Satz verwendet wird, tritt es als Prädikat immer in dem für die Aussage zutreffenden **Tempus** auf. Das Tempus dient dazu, eine Zeitstufe oder ein Zeitverhältnis zu bezeichnen.

Darüber hinaus haben die Tempora aber auch die Aufgabe, den **Aspekt** erkennbar zu machen, der dem Schreibenden oder Sprechenden vorschwebt. Man unterscheidet den imperfektiven und den perfektiven Aspekt,

z. B.	*loquebatur* –	*locutus est*
	er redete/ war am Reden	er hat geredet/ hat seine Rede beendet
	(imperfektiv)	(perfektiv).

Je nach dem verwendeten Tempus wird die dem Verbum als solchem anhaftende Aktionsart verstärkt oder abgeschwächt, mitunter sogar ins Gegenteil verkehrt,

z. B.	*Vixit.*	Er hat gelebt / ist gestorben[1], ist tot. – *perfectum historicum – perfektiver Aspekt.*
	Exercitus flumen transgreditur.	Das Heer ist (noch) dabei, über den Fluß zu gehen. – *Präsens – imperfektiver Aspekt.*
	transgressus est.	Das Heer hat (in diesem Augenblick) den Fluß (bereits) überschritten. – *perfectum historicum – perfektiver Aspekt.*
	transgrediebatur.	Das Heer versuchte (vergeblich), den Fluß zu überschreiten. – *imperfectum de conatu – imperfektiver Aspekt.*

In diesem Beispiel wird das Verbum *transgredi*, das seiner Aktionsart nach als durativ zu gelten hat, u. a. auch mit perfektivem Aspekt verwendet, so daß es nicht mehr den Verlauf einer Handlung bezeichnet, sondern deren (punktuellen) Abschluß.

Hieraus ist zu lernen, daß es zwar sehr förderlich ist, eine hinreichende Zahl von Verben zu kennen, daß es darüber hinaus aber darauf ankommt, herauszubekommen, was sie im jeweiligen Satzzusammenhang besagen sollen. Hierauf wollte Dich dieses letzte Kapitel unserer Wortübungen aufmerksam machen.

Nun zum letzten Test!

---

1 *Das Präfix* **GE-** *dient im Deutschen zur Bildung des Perfekts (z. B. er hat* ***gelebt****). In Verbal-Komposita bezeichnet* **GE-** *den* ***Eintritt*** *(z. B.* ***gefährden****), öfter noch den* ***Abschluß*** *einer Handlung (z. B.* ***gelingen****). Vgl. im Lateinischen:* con-suescere *sich* ***gewöhnen***, con-fiteri ***gestehen***.

20 RE- SUB- TRANS- Zusammenfassender Test

Es gibt jeweils nur eine Lösung. Kreuze sie an!

1. Eine Form stört in der Vierergruppe:	
repeti	w
referri	x
reppuli	y
redigi	z
2. Welche Form ist mehrdeutig?	
reddis	w
redis	x
reverti	y
redemi	z
3. Auch hier verbirgt sich ein „blinder Passagier“:	
revertere	w
remittere	x
relinquere	y
repetere	z
4. Eines der folgenden Verben könnte das Passiv von *vincere* ersetzen:	
succedere	w
succurrere	x
subigere	y
succumbere	z
5. Welches der aufgeführten Komposita hat **nicht** die Bedeutung „erneuern“, „erfrischen“?	
reficere	w
requirere	x
renovare	y
recreare	z
6. Eines der aufgeführten Komposita ist mit dem Kurzsuffix *su-* gebildet:	
suspicari	w
sustinere	x
suscipere	y
sustentare	z
7. Welche Form paßt **nicht** in die Reihe?	
redibunt	w
recedent	x
revocent	y
referent	z

8. Eines der Komposita stört die Reihe aufgrund seiner Bedeutung:	
reprimere	w
subigere	x
subicere	y
succumbere	z
9. Eines der nachstehenden Komposita kann man mit dem AcI verbinden:	
removere	w
restituere	x
recipere	y
referre	z
10. Welches der nachstehenden Verben ist mit „er hat zurückgegeben“ übersetzbar?	
redit	w
reddit	x
rediit	y
reddidit	z
11. Was versteht man unter „Insurgent“?	
einen Schlafkranken	w
einen Aufständischen	x
eine Silberimitation	y
ein Zahnpflegemittel	z
12. Nur eines der nachstehenden Komposita entspricht dem deutschen Verbum „sich widcrsetzen“:	
repellere	w
reprimere	x
resistere	y
restituere	z
13. Nur bei einem der nachstehenden Komposita erfüllt die Wortbedeutung die durch das Präfix erweckte Erwartung:	
admittere loslassen	w
excipere auffangen	x
exigere einfordern	y
subigere unterwerfen	z
14. Eines der nachstehenden Komposita paßt *nicht* in den Satz: *Caesar legiones in Britanniam*	
transportavit.	w
transvexit.	x
transiit.	y
traduxit.	z

Verzeichnis der behandelten Stammwörter und Präfixe

ā-Konjugation		AB-	AD-	COM-	DE-	DIS-	EX-	IN-	INTER-	OB-	PER-	PRAE-	PRO-	RE-	SUB-	TRANS-
certare	kämpfen, streiten				de											
(citare)	rege machen						ex	in								
(clarare)	erhellen				de											
creare	erschaffen													re		
(crepare)	knarren					dis										
(-cupare)	nehmen, fassen, fangen									oc						
(dicare)	sagen											prae				
firmare	kräftigen, stärken			con												
iudicare	richten					di										
manare	fließen						e									
migrare	wandern						e									
monstrare	zeigen				de											
(novare)	erneuern													re		
numerare	zählen						e									
nuntiare	melden												pro			
parare	bereiten			com								prae				
(plorare)	flehen							im								
portare	tragen															trans
pugnare	boxen, kämpfen									op						
putare	*(auch:)* ordnen					dis										
rogare	fragen, bitten								inter							
(sacrare)	beschwören									ob						
servare	bewahren, retten			con						ob						
spectare	schauen						ex									
stare	stehen			con		di		in		ob		prae		re		
(*supare)	werfen					dis										
(tentare)	halten														sus	
turbare	verwirren										per					
vocare	rufen		ad											re		

			AB-	AD-	COM-	DE-	DIS-	EX-	IN-	INTER-	OB-	PER-	PRAE-	PRO-	RE-	SUB-	TRANS-
sectari	folgen				con												
(-spicari)	blicken															su	
testari	bezeugen										ob						
-cipitare:	caput	Haupt											prae				
-cumulare:	cumulus	Haufen		ac													
-liberare:	libra	Waage				de											
-mendare:	mendum	Fehler						e									

ē-Konjugation

		AB-	AD-	COM-	DE-	DIS-	EX-	IN-	INTER-	OB-	PER-	PRAE-	PRO-	RE-	SUB-	TRANS-
habere	haben, halten		ad									prae	pro			
manere	bleiben, dauern										per					
(minere)	ragen						e	im								
movere	bewegen		ad	com							per			re		
pendere	hängen							im								
sedere	sitzen									ob						
spondere	geloben, versprechen													re		
tenere	halten	abs		con						ob				re	sus	
terrere	schrecken	abs			de						per					
videre	sehen												pro			
fateri	sprechen, bekennen			con									pro			

Konsonantische Konjugation

		AB-	AD-	COM-	DE-	DIS-	EX-	IN-	INTER-	OB-	PER-	PRAE-	PRO-	RE-	SUB-	TRANS-
agere	treiben, führen		ad				ex				per			red	sub	
cadere	fallen		ac					in		oc						
caedere	fällen, hauen									oc						
cedere	gehen, „rücken“, weichen		ac		de	dis		in	inter				pro	re	suc	
(cellere)	ragen						ex									
cernere	sichten, scheiden				de	dis										
claudere	schließen							in	inter							
colere	wohnen, pflegen							in								
(cumbere)	sich legen							in					pro		suc	
currere	laufen, eilen		ac	con						oc					suc	

		AB-	AD-	COM-	DE-	DIS-	EX-	IN-	INTER-	OB-	PER-	PRAE-	PRO-	RE-	SUB-	TRANS-
(dare)	geben	ab	ad				e				per		pro	red		tra
dicere	sagen							in	inter			prae				
ducere	führen	ab	ad	con	de		e	in			per		pro			tra
emere	nehmen, kaufen		ad			dir			inter				pro	red		
(*fendere)	stoßen				de					of						
figere	heften		af													
fundere	gießen						ef						pro			
(g)noscere	erkennen		a					i								
iungere	verbinden		ad													
legere	lesen, auswählen				de		e		intel							
(linquere)	lassen													re		
ludere	spielen							il								
mittere	schicken, gehen lassen	a	ad	com	de				inter	o	per		pro	re		
nectere	knüpfen			co												
pellere	treiben				de		ex	im						re		
petere	erstreben, verlangen		ap											re		
ponere	stellen, setzen, legen			com	de	dis	ex	im		op		prae	pro			
prehendere	greifen, fassen, fangen			com	de											
premere	drücken			com						op				re		
quaerere	suchen, fragen						ex							re		
regere	lenken, leiten, „richten“			cor			e				pe				su	
rumpere	brechen						e	ir								
(scandere)	steigen		a	con	de											
scindere	abreißen													re		
scribere	schreiben			con	de							prae				
serere	reihen, ordnen					dis										
sinere	lassen				de											
sistere	sich stellen				de		ex							re		
solvere	lösen	ab														
spargere	streuen					di										
statuere	stellen, setzen			con	de			in						re		
sternere	streuen												pro			

		AB-	AD-	COM-	DE-	DIS-	EX-	IN-	INTER-	OB-	PER-	PRAE-	PRO-	RE-	SUB-	TRANS-
(stinguere)	stechen					di										
struere	schichten						ex									
tegere	decken				de											
tendere	spannen			con				in		os						
trahere	ziehen	abs			de		ex									
tribuere	verteilen					dis										
vadere	gehen						e	in								
vellere	rupfen, zupfen						e									
vincere	siegen				de											
(-ficisci)	machen, tun												pro			
sequi	folgen			con						ob						
vehi	fahren												pro			
verti	sich wenden/drehen													re		
Kurzvokalische Konjugation																
capere	nehmen, fassen, fangen		ac		de		ex	in				prae		re	sus	
facere	machen, tun			con	de				inter		per	prae	pro	re		
fugere	fliehen						ef									
iacere	werfen			con	de		e	in		ob			pro		sub	
(quatere)	schütteln			con							per					
rapere	reißen, rauben		ar			di	e								sur	
(specere)	blicken		a	con	de						per		pro	re	su	
gradi	gehen, schreiten		ag				e									
ī-Konjugation																
audire	hören									ob						
sentire	fühlen, meinen			con		dis										
venire	kommen		ad	con			e	in	inter		per				sub	
Sonstige																
esse	sein	ab	ad						inter	ob		prae				
ferre	tragen, bringen	au	af	con	de		ef	in		of	per			re		
ire	gehen	ab	ad				ex	in	inter	ob	per		prod	red	sub	trans

Alphabetisches Register der behandelten Verbal-Komposita

(Die in den Tabellen behandelten Komposita sind im Druck hervorgehoben)

extendere
extollere
extrahere
exuere

IN–

ignorare
ignoscere
illudere
illucescit
illuminare
imminere
immittere
immolare
impedire
impellere
impendēre
imperare
implere
implorare
imponere
importare
incedere
incendere
incīdere
incipere
incitare
includere
incohare
incolere
incumbere
indicere
indignari
indormire
inducere
indulgere
inferre
inficere
inflammare
infringere
ingerere
inhalare
inicere
inire
inquirere
insistere
inspicere
instare
instituere
instruere
integrare
intendere
invadere
invenire
investigare
invidere
irridere
irritare
irruere
irrumpere

INTER–

intellegere
intercedere
intercīdere
intercīdere
intercipere
intercludere
intercurrere
interdicere
interesse
interest
interficere
intericere
interimere
interire
interloqui
intermittere
interpellare
interponere
interpungere
interrogare
interrumpere
intervenire

OB–

obducere
obesse
obicere
obire
obligare
oblivisci
oboedire
obruere
obsecrare
obsequi
observare
obsidēre
obstare
obtemperare
obtestari
obtinere
obvenire
obversari
occīdere
occīdere
occulere
occultare
occumbere
occupare
occurrere
offendere
offerre
omittere
operire
oppetere
opponere
opprimere
oppugnare
ostendere

PER–

peragere
percellere
percipere
percurrere
percutere
pedere
perdocere
perducere
perferre
perficere
perfluere
perfodere
perforare
perfringere
perfundere
perfungi
pergere
perhorrescere
perire
permanere
permiscere
permittere
permovere
perorare
perscribere
persequi
perspicere
persuadere
perterrere
pertinere
perturbare
pervenire

PRAE–

praebere
praecavere
praecedere
praecipere
praecipitare
praecurrere
praedamnare
praedicare
praedicere
praediscere
praedisponere
praeesse
praeficere
praeiudicare
praeludere
praemittere
praemonere
praeparare
praeponere
praeripere
praescribere
praesidēre
praesumere
praestare
praetendere

PRAETER–

praeterire
praetermittere

PRO–

procedere
proclamare
procumbere
procurare
prodere
prodesse
prodigere
prodire
producere
proferre
proficere
proficisci
profiteri
profligare
profundere
progredi
prohibere
proicere
promere
promerere
prominere
promittere
promovere
pronuntiare
propagare
propellere
proponere
propugnare
proripere
proscindere
prospicere
proscribere
prosequi
prosilire
prosternere
protegere
provehi
providere
provocare

RE–

rebellare
recedere
recensere
recipere
recitare
reclamare
recognoscere
recordari
recreare
recurrere
recusare
reddere
redigere
reducere
redimere
redire
refellere
reflectere
referre
reficere
reformare
refugere
regenerare
relegare
relinquere
remanere
reminisci
remittere
removere
renasci
renovare
reparare
repellere
reperire
repetere
reportare
repraesentare
reprehendere
reprimere
requirere
rescindere
reservare
resistere
respicere
respondere
restare
restituere
retinere
reverti
revocare

SUB–

subducere
subdere
subesse
subicere
subigere
subire
sublevare
subscribere
subsequi
substernere
substituere
subsumere
subtrahere
subvenire
succedere
succumbere
succurrere
sumere
summovere
suppetere
supplere
supponere
surgere
surripere
suscipere
suspendĕre
suspicari
suspicere
sustentare
sustinere

TRANS–

tradere
traducere
transcendere
transcribere
transcurrere
transferre
transfigere
transformare
transfugere
transgredi
transire
transmigrare
transmittere
transmovere
transpirare
transplantare
transponere
transportare
transvehere
transvolare

LÖSUNGEN

zu Vokabeltrainer - Lateinische Verben -

(Unverkäufliche, einzeln nicht beziehbare Beilage)

1

K **1** (einen Freund) weggehen lassen → verlieren; (eine Sache) weggeben → wegstecken → verstecken → verbergen; (selbst) wegsein → nicht dasein → fehlen. **2** (von einem Plan) wegführen → ablenken → „abbringen". **3** Wenn z. B. die Weinernte so reichlich ist, daß der Most überfließt / im Überfluß vorhanden ist, dann ist der Winzer „reich an Wein". **4** Vereinfachung der Konsonantenhäufung in absportare. **5** aufero; absum; amitto; abdo; abeo.

W **1.1** absagen (→ untersagen, verwerfen); abirren (→ sich verirren, abweichen); abwerfen (→ wegwerfen, fallenlassen); wegtreiben (→ forttreiben, rauben); weggehen (→ abziehen, weichen); „wegfliehen" (→ entfliehen). **1.2** abs-cīdere (caedere); ab-scindere (scindere); ab-sistere (sistere); abs-terrēre. **1.3** ab-horrēre: „wegschaudern" → sich schaudernd abwenden; ab-iungere: (z. B. Rinder) vom verbindenden (iungere!) Joch (iugum) weggehen lassen → abkoppeln; ab-uti: (etwas) „weg-benutzen" → aufbrauchen. (Vom bedenkenlosen Ausnützen zum Mißbrauch ist nur ein kleiner Schritt). **2.1** das Wegwerfen (Mutlosigkeit); das Abscheren (Haarschneiden); das Fahrenlassen (Verlust); das Abwenden (Abscheu). **2.2** „abrupt" *eigtl.* abgebrochen (abrumpere) - unvermittelt; „absurd" *eigtl.* mißtönend (susurrus Geräusch) - ungereimt, sinnlos. **2.3** weg von der Ähnlichkeit → unähnlich; abweichend vom Richtmaß → unregelmäßig.
Bild: Er hat sich in die Wissenschaft vertieft / vergraben.

S **1** 1. Es fehlt viel, daß Timorix ein guter Soldat ist (Timorix ist weit davon entfernt, ein guter Soldat zu sein), denn er weiß genau, welche Gefahren im Krieg drohen. - 2. Daher bemüht er sich, sich aus Schlachten herauszuhalten („sich ... zu enthalten"), um nicht von Feinden weggeführt, nicht in die Sklaverei verschleppt zu werden und nicht sein Leben zu verlieren. - 3. Schaut, die Kohorte, die abrücken will, wartet auf den abwesenden Timorix, der überall sein verlorenes Schwert sucht, das er selbst weggebracht und äußerst sorgfältig im Zelt versteckt hat ... **2** fern von der Heimat sein - überreich sein („an Schätzen Überfluß haben") - seine Gefährten verlieren - von der Anklage auf Tod und Leben freisprechen - sich nicht auf Kämpfe einlassen („sich der Kämpfe / Gefechte enthalten") - von daheim weggehen - Geld wegschaffen - die Beute wegfahren - Gefangene abführen - sich verstecken - den Angeklagten auf eine Insel verbannen. **3** Es ist der größte Schmerz (sehr schmerzlich), von lieben Freunden wegzugehen (sich ... trennen zu müssen).

Maximus
dolor est
abscedere
a caris
amicis.

4 cerevisiā abstinēre (sich des Bieres enthalten / auf Bier verzichten / kein Bier trinken) - latronem abducere (den Räuber abführen) - patrem abeuntem salutare (den weggehenden Vater / den Vater, der fortgeht, grüßen) - hominem vulneratum auferre (den Verwundeten / Verletzten wegtragen) - Ubi amicus se abdidit (Wo hat der Freund sich versteckt)? - curriculum immobile abstrahere (das unbewegliche / liegengebliebene Fahrzeug abschleppen).

2

K **1** Vermeidung der Konsonantenhäufungen dgn - dsp - dsc. **2** jemanden an die Sache heranführen → mit einem Sachverhalt konfrontieren → anklagen. **3** Wer etwas vernimmt (hört), empfängt eine Nachricht, nimmt eine Nachricht an / auf. **4** Wer etwas an sich nimmt, nimmt es einem anderen weg. **5** heran-nahen → sich nähern. **6** ag-gredi (angreifen); ac-cipere (annehmen); ad-vocare (herbeirufen); a(d)-spicere (anblicken); ad-venire (ankommen); ap-petere (anstreben); ap-ponere (dazustellen); ac-cumulare (anhäufen).

W **1.1** an-beten; an-brennen (→ ansengen); heran-fahren; heranwälzen; an-rufen (→ zurufen); an-wachsen; hinzu-suchen (→ erwerben); heran-tragen (→ aufhäufen). **1.2** a(d)-scendere (scandere); a(d)-spergere (spargere besprengen); a(d)-scribere (scribere). **1.3** af-ficere an-tun; ap-parēre dazu-erscheinen (parēre erscheinen). **2.1** An-mahner (Mahner, Antreiber); Bei-helfer/in (Helfer/in, Gehilfe/in); Beisitzer; Be-stärker (Bürge). **2.2** Adoption: Annahme an Kindes Statt; adoptiv-: durch Adoption erlangt; Akzent: Betonung (*eigtl.* Zu-gesang); Affekt: Gemütsregung (*eigtl.* Versehen-Sein mit ..., *vgl.* afficere!).
Bild: Er mischt seiner Rede Verse bei (läßt ... Verse einfließen / würzt seine Rede mit Dichterzitaten).

S **1** 1. Der Geldverleiher Alfius freut sich, weil viele Leute herankommen. - 2. Die einen nähern sich, um Kredit zu erhalten, andere bringen Münzen herbei, um ihre Schulden zu tilgen (‚um von ihren Schulden befreit zu werden'). - 3. Während Alfius die Münzen lachend aufhäuft, geschieht es, daß ihn der Räuber Leo erblickt. - 4. Voll Gier (‚von Gier geleitet') und scharf (‚begierig') auf das Geld rennt er heran, wendet Gewalt an und nimmt die Münzen weg - und ist so schnell, wie er herankam, verschwunden (weggegangen). - 5. Vergebens ermahnt Alfius die Umstehenden (Dabeistehenden): „Helft mir, (so) helft mir (doch), Mitbürger! - 6. Habt ihr nicht gesehen, wie der Räuber Leo mich überfiel (... nicht den mich angreifenden R. L. gesehen?)? - 7. Ich erkannte ihn sofort, aber er riß das Geld zu schnell an sich ... - 8. Ach, was ist mir zugestoßen! - 9. Ich bin zerschmettert (niedergeschlagen), ausgeraubt, vernichtet!" - 10. Ist es etwa verwunderlich, warum niemand dem geizigen Geldverleiher geholfen hat? **2** 1. ‚Bewache sorgfältig meine Schätze!' - Hier ist custodi Prädikat im Imperativ (2. Pers. Sg.); das Adverb diligenter und das Akkusativobjekt opes meas hängen davon ab. - 2. ‚Einem sorgsamen Wächter werde ich große Belohnungen geben.' - Hier ist custodi Dativ-Objekt zu dabo, erweitert durch das adj. Attribut diligenti (ebenfalls Dativ!). Während in Satz 1 nur custodi Prädikat sein kann, verbieten die eindeutige Verbform dabo und das Attribut diligenti in Satz 2 die verbale Übersetzung von custodi. **3** wegen Verrats (des Verrats) anklagen - eine List anwenden - das Konsulat anstreben (sich um das K. bewerben) - die Götter anbeten (zu den G. beten) - in Gefahr bringen - ans Kreuz schlagen - zum Tode führen - bestrafen (mit einer Strafe belegen) - zum Gespräch zulassen / hinzuziehen. **4** Es lernen die Jünglinge hinzu, was die Alten sangen. - Wie die Alten sungen, so zwitschern auch die Jungen. - *Bild:* Sie sind im Begriff, Gewalt anzuwenden. **5** Litteras accipit (Er erhält einen Brief / nimmt einen Brief in Empfang). - Tabulas aspiciunt (Sie sehen Gemälde an). - Fenum accumulat (Er häuft das Heu auf). - Bovem ad stabulum adigit (Sie treibt den Ochsen in den Stall). - Medicus advenit (Der Arzt kommt / trifft ein). - Iuvenis noctu scalis ascendit (Der junge Mann steigt nachts mit / auf einer Leiter nach oben).

3

K **1** (Soldaten gegen Lohn) zusammenführen / zusammenbringen → gewissermaßen als Söldner „mieten". **2.1** Die Wehrpflichtigen werden in Listen „zusammengeschrieben" / eingeschrieben und aufgrund dieser Listen „ausgehoben". **2.2** s. bei 1! **3** Einen Gegenstand, z. B. einen komplizierten Apparat, kann man *er*greifen, anfassen, betasten, um sich Klarheit über ihn zu verschaffen. Bei Begriffen wie etwa „Infinitiv", „Aristokratie", „Jähzorn" ist das nicht möglich; man *be*greift sie, wenn man ihren Sinngehalt geistig erfaßt hat. **4.1** bewegen - heftig bewegen (erschüttern). **4.2** concutere erschüttern; concitare aufreizen; confundere verwirren; consternere aus der Fassung bringen. **5** Andere Komposita, bei denen ad- vor ein mit n- beginnendes Verbum tritt, werden mit -nn- geschrieben; vgl. z. B. ad-nuere → an-nuere (zunicken), ad-nuntiare → an-nuntiare (ankündigen). **6** co-gnoscere - a(d)-gnoscere. **7** Für die Bauern war und ist das Wetter besonders wichtig. Da es in der Antike noch keine wissenschaftlich begründete Wettervorhersage gab, war man auf die Auswertung von Beobachtungen - vor allem der Gestirne - angewiesen. Wenn sich z. B. die Plejaden (ein Sternhaufen im Sternbild des Stiers) nach einer Phase der Unsichtbarkeit Mitte Mai wieder zeigten, begann man mit der Ernte, wenn sie im November untergingen, mit dem Pflügen. **8** qua → qu → cu (Schwundstufe). **9** Caesar begab sich rasch nach Gallien jenseits der Alpen. (Richtungsangabe *in Galliam* legt die Bedeutung ‚eilen' fest.) Caesar kämpfte mit vielen tapferen Völkerschaften. (contendere cum ...: kämpfen.) Caesar behauptet, seine Soldaten hätten keine Mühen gescheut (AcI als abhängige Aussage läßt erkennen, daß contendere in diesem Satz ‚behaupten' bedeutet.) **10** 1. convenit. - 2. commisit. - 3. condidit. - 4. consulamus! - 5. concedam.

W **1.1** zusammenbinden (iungere verbinden); zusammenziehen (trahere ziehen); zusammenrufen (vocare rufen); zusammenschreiten, -treffen (gradi schreiten); miteinander reden (loqui reden). **1.2** sich (um etwas) herumflechten (plectere flechten) → umfassen / umarmen; zusammen einschließen, zusammenbringen (claudere schließen) → einschließen, folgern (Eine Folgerung ist erst möglich, wenn man Einzelbeobachtungen zusammenfaßt.); an einen sicheren Ort fliehen (fugere fliehen) → sich flüchten; sich zusammensetzen (sīdere sich setzen) → sich niederlassen. **1.3** oa → o (Kontraktion). **1.4.1** zu einem Paar zusammenstellen. **1.4.2** conferre; componere. **1.5.1** committere (anvertrauen: PPP) - componere (zusammenstellen: PSt) - contrahere (ein Geschäft abschließen: PPP) - conficere (fertig machen, herstellen: PPP) - comprimere (zusammendrücken: PPP) - convenire (zusammenkommen: PPP) - continēre (zusammenhalten, Passiv: zusammenhängen: PSt) - confirmare (bestärken: PSt) - confligere (zusammenstoßen: PPP) - consentire (übereinstimmen: PPP) - constare (feststehen: PSt) - congredi (zusammenkommen: PP) - concurrere (zusammenlaufen: PPP; wenn es sich im alten Rom herumsprach, daß ein Bankier nicht mehr zahlungsfähig war, kamen seine Schuldner angerannt, um wenigstens einen Teil ihrer Bankeinlagen zu retten; nicht selten kam es dabei vor, daß sein Wechslertisch kurz und kleingeschlagen wurde - dann war der Mann bankrott (aus it. banco rotto: Tisch zerschlagen)) - colloqui (sich unterhalten: PSt) - consulere (beraten: PSt) - corrigere (verbessern: PSt) - corrumpere (verderben, bestechen: PPP) - confitēri (bekennen: PP) - corrigere (gerade richten: PPP) - conservare (aufbewahren: PSt) - concedere (zugestehen, nachgeben: PPP) - conciliare (für sich gewinnen: PSt) - coniungere (verbinden: PPP) - componere (zusammenstellen: PPP) - consumere (verbrauchen: PSt) - consequi (nachfolgen: PSt; das Fremdwort bedeutet also ‚folgerichtig') - conferre (zusammentragen: PSt; bei einer Konferenz bringen also die einzelnen Teilnehmer ihre Probleme vor und erörtern sie). **1.5.2** Kontinent, konstant, Konsulent, konziliant, Konsument, konsequent. **1.5.3** Konfirmand. - *Bild:* Sie überschütten den Angeklagten mit Schimpfworten (Sie tragen zusammen und schleudern ...). **2.1** Umarmung; Zusammenlaufen / Auflauf; Zusammentreten / Zusammenkunft; Zusammenstoß / Kampf; Erblicken / Anblick / Gesichtskreis; Berührung; „Verwebung", Zusammenhang; Zusammenkunft / Versammlung. **2.2** festes Vertrauen / Selbstvertrauen; Zusammenhang, *auch:* Zurückhaltung / Selbstbeherrschung (*vgl.:* jmd. nimmt sich zusammen). **2.3** gleichaltrig; blutsverwandt; Miterbe; Amtsgenosse; Festigkeit; Mitbürger. **2.4** kollektiv - angesammelt, gemeinschaftlich, umfassend; konform - gleichförmig; konsonant - zusammenklingend / harmonisch; *auch:* Konsonant. **2.5** Seit Gründung der Stadt Rom (im Jahre 753 v. Chr.): a. DCCIX a.u.c. = 709 nach Gründung Roms: Ermordung Caesars 44 v. Chr.

S **1** 1. Viele Leute sind auf dem Kapitol zusammengekommen, um eine Rede des Tribunen C. Gracchus zu hören, der die Plebs auf Staatsland ansiedeln will. - 2. Die meisten sind mit dem Tribunen einer Meinung (stimmen ... überein) und fordern unter dem Eindruck seiner Worte (bewegt von seinen Worten) mit lautem Geschrei, daß dem Hochmut der Senatoren begegnet (daß der Hochmut ... unterdrückt) werden solle. - 3. „Wenn ihr mich unterstützt", spricht Gaius, „(dann) werden viele Probleme des Staates gelöst (... Übel ...

korrigiert) werden, (dann) wird das, was mein Bruder versuchte, vollendet werden, (dann) werden die von den Senatoren begangenen Verbrechen bestraft werden. - 4. Es ist allgemein bekannt, daß von ihnen der Tribun Livius Drusus in Sold genommen wurde (mit Geld angeworben wurde), um die Eintracht der Plebs zu erschüttern." - 5. Als sie diese Worte gehört hat, ist die Menge kaum mehr zurückzuhalten: „Ergreifen wir den Livius Drusus! Zwingen wir ihn, seine Verbrechen zu gestehen!" - 6. Plötzlich erblickt C. Gracchus einen schwer verwundeten (von vielen Wunden erschöpften) Liktor. - 7. Erschüttert durch diesen Anblick ändert Gracchus seine Absichten (abl. abs.!) und flieht vom Kapitol; auch viele von denen fliehen, die ihm vertraut hatten. - 8. Gracchus aber bittet einen treuen Sklaven darum, ihm mit dem Schwert den Tod zu geben (daß er durch dessen Schwert getötet werde), um nicht in die Hände seiner Gegner zu fallen (damit ihn seine Gegner nicht einholen). **2** 1. Hamilkar stürzte sich mitten unter die Feinde. (Richtungsangabe *in... hostes*: sich stürzen) - 2. Als Themistokles das Orakel erhalten hatte, zog er (daraus) den Schluß, daß mit ‚hölzernen Mauern' Schiffe gemeint seien (bezeichnet würden). (conicere mit AcI: vermuten, schlußfolgern). **3** Wir sind von Natur aus so beschaffen, daß wir ohne Interesse für das Nächstliegende nach dem Fernen streben. - Warum in die Ferne schweifen? Sieh, das Gute liegt so nah! **4** a) adire, accedere, petere, aggredi, appropinquare, accurrere. - b) abire. - c) ire, vadere. - d) currere, contendere, properare, ruere, ferri. - e) convenire, concurrere. - f) navigare, vehi. - g) volare. - h) vehi. **5** In Satz a):... Hannibal in Cretam abiit. **6** seinen Zorn beherrschen - teuer sein/viel kosten - es ist allgemein bekannt - in die Hauptstadt eilen - Selbstmord begehen - das Orakel befragen - für das Wohl der Bürger sorgen - die Zukunft (richtig) erkennen - Gefahren verachten - Der Friede kommt/kam zustande. - Zeit verwenden (auf...)/vergeuden (mit...) - ein Gefecht liefern - sein Leben den Wellen anvertrauen - Bücher verfassen - Schuld auf sich laden/schuldig werden - mit den Feinden kämpfen - Klugheit mit Beredsamkeit verbinden - seine Fehler verbessern/sich bessern - den Krieg beenden - die Bürger aufwiegeln - den Angeklagten überführen - den Sieg erringen - eine Stadt gründen - Waren aufkaufen - ein Schiff besteigen - Vermutungen über die Zukunft anstellen - mit dem Freund sprechen - Der Turm stürzt/stürzte ein. - Die Mauern stürzen/fallen ein. **7** furem comprehendere (den Dieb festnehmen) - fugitivum consequi (den Fliehenden einholen) - canem continēre (den Hund zurückhalten) - arcem in colle sitam conspicere (die auf einem Hügel liegende/gelegene Burg, die Burg auf dem Hügel erblicken) - mendum corrigere (den Fehler verbessern) - navem conscendere (das Schiff besteigen/an Bord gehen) - homines convocare (Leute zusammenrufen); *auch:* Homines concurrunt (Die Menschen laufen zusammen). - Funes conexi sunt (Die Seile sind verknotet). - cenam comparare (das Essen bereiten) - vasa componere (die Gefäße/das Geschirr zusammenstellen/ordnen) - Sellae comportantur (Die Stühle werden zusammengetragen).

Z **2.1** B. **2.2** vidēre, intuēri, contuēri, contemplari.

4

1x; 2x; 3x; 4z; 5y; 6x; 7y; 8y; 9x; 10x; 11z; 12x; 13y; 14y; 15w; 16y; 17x; 18x; 19y. - 6. Es steht fest, daß einige römische Feldherrn auch vom Feind Geld angenommen haben. - Von den Gelehrten vernehmen/hören wir, daß die Lyder den Gebrauch von Münzen erfunden haben. - Die Römer haben von/durch Hannibal mehrere Niederlagen hinnehmen/einstecken müssen. - In Athen bin ich von einem Gastfreund gut aufgenommen worden. - 14. Nachdem er seine Soldaten ermahnt hatte, eröffnete Caesar das Treffen. - 18. Von Furcht verleitet/aus Furcht suchten die Soldaten sich durch Flucht zu retten. - 19. Er ist abwesend, (aber) er fehlt nicht.

5

K **1** a → i. **2.1** de-dere. **2.2** weggeben (→ hingeben → preisgeben). **3** abbiegen. (Man verglich die verschiedenen Kasus/Fälle mit unterschiedlichen Neigungen eines zunächst senkrecht stehenden Stabes.) **4** durch Wegwischen austilgen. **5** schulden. **6** entkräften. **7** Wegfangen von Haustieren. **8** Von den Sternen Erfüllung von Wünschen erhoffen. **9** deficere (defeci, defectum); detegere (detexi, detectum); defendere (defendi, defensum); decernere (decrevi, decretum); demonstrare; desperare (-atus *in span. Form*). **10.1** sich aus der Reihe davonmachen. **10.2** decedere; deficere; destituere; derelinquere.

W **1.1** herab-laufen (→ vorbeimarschieren); herab-/abschütteln (→ vertreiben); weg-wandern (→ auswandern); herab-mindern (→ beeinträchtigen); herabdrücken (→ unterdrücken); ab-schrecken (→ abbringen); aus dem Wege gehen (→ vermeiden); herab-wälzen (→ herabrollen lassen). **1.2** von oben nach unten anstreichen; (unter Anrufung der Götter Böses auf jmd.) herabwünschen; (beim Pflügen aus dem geraden Furchenverlauf) abweichen; (vom guten Geschmack) abweichen. **1.3** herab-schreien (→ keifen; laut hersagen); ab-grenzen (→ einen Begriff bestimmen); (eine Gestalt) ab-bilden (→ schlecht abbilden/verunstalten); aus der Art schlagen (→ entarten); (eine Masse/Last) herab-wälzen (→ gewaltsam abbrechen/„schleifen"); herab-donnern (→ sich austoben). **1.4** ac-cedere; de-esse; ap-pellere; descendere. **1.5** Die Gelegenheit zum Erfolg (die Sache gut zu führen) fiel gleichsam vom Himmel (herab)/gleichsam in den Schoß. **1.6** con-tegere. **2.1** Weg-gabe (Preisgabe, Kapitulation); Ab-fall (Abtrünnigkeit, Schwächung); Unterhaltung (Genuß, Lust); Überlegung (Beratung); Ab-bitte (Fürbitte); Hoffnungslosigkeit (Verzweiflung); Niederreißen (Widerlegung); Aufopferung (Weihung, Verwünschung). **2.2** Unterhaltung, Vergnügen; Abrieb (→ Abnutzung, Schaden). **2.3.1** de-mentia. **2.3.2** verrückt; Wahnsinn. **2.4** deutlich hinzeigendes Für-wort. **2.5** Und vergib uns unsere Schuld, wie auch wir vergeben unseren Schuldigern! *Bild:* Ich möchte (die Hoffnung) aufgeben.

S **1** 1. Nachdem König Pyrrhus sich entschlossen hatte, mit den Römern in Italien um die Entscheidung zu kämpfen, schlug er deren Heere in zwei großen Schlachten in die Flucht und besiegte sie völlig. – 2. Schon gaben die einen von den Bundesgenossen die Hoffnung auf Rettung auf, (während) andere von den Römern abfielen, da sie ihnen keine Chance mehr gaben (ihr Geschick verachteten). – 3. Die Römer aber, wiewohl von vielen Verbündeten im Stich gelassen, ließen den Mut nicht sinken und bereiteten sich darauf vor, Rom gegen den König zu verteidigen. – 4. Zu dieser Zeit kam ein Freund des Königs Pyrrhus zum römischen Konsul und legte ihm dar, daß er den König mit Gift umbringen könne (daß der König von ihm ... umgebracht werden könne). – 5. „Es ist leicht", sagte er, „Pyrrhus zu täuschen, und außerdem wende ich ein Gift von der Art (ein solches Gift) an, daß die Todesursache nicht festgestellt (entdeckt) werden kann, wenn der König tot (aus dem Leben geschieden) ist." – 6. Der Konsul aber dachte nicht (lange) nach, sondern meldete den Sachverhalt sofort dem Pyrrhus: – 7. „Wir werden nicht aufhören Krieg zu führen, bis Du die Waffen niederlegst und aus Italien abziehst. – 8. Es mißfällt uns aber, mit Hinterlist zu kämpfen. – 9. Deshalb teilen wir Dir folgendes mit: ‚Einer von Deinen Freunden hat beschlossen, Dich heimlich zu vergiften. – 10. Hüte Dich, daß Du nicht (ihm zum Opfer) fällst!'" **2** bei sich überlegen / bedenken – an der Rettung verzweifeln – Dank schulden / zu Dank verpflichtet sein – sich aus dem Gefecht davonmachen / desertieren – die Segel reffen – ins (Staats-)Gefängnis abführen – (zwei) Konsuln wählen – einen Tempel weihen – die Freiheit verteidigen – den Dieb auf frischer Tat ertappen – vom Krieg ablassen – die Gegner von ihrem Vorhaben abschrecken – (Helden-)Taten in Versen beschreiben. **3** Die Welt will betrogen werden / sein. – Also werde sie betrogen! **4** Ego adsum, ille deest (Ich bin da / anwesend; jener / er fehlt). – Parvo constat: Pecunia me deficit (Es ist billig: Mir fehlt das Geld). – Barbari hoc templum deleverunt (Barbaren haben diesen Tempel zerstört). – Viginti denarios mihi debes (Du schuldest mir 20 Denare). – Hoc vas deiciam, nisi cantare desines (Ich werde dieses Gefäß hinunterwerfen, wenn Du nicht zu singen aufhörst). – Statim descende / descendes (Steig sofort herunter / Du wirst sofort heruntersteigen)!

6

K **1** in die gewollte Richtung lenken → dirigieren. **2** (junge Weinreben) in geordneten Reihen auseinandersetzen; (durch Wegschneiden des Überflüssigen) ins reine bringen. – Übertragung vom Gegenständlichen auf Denkvorgänge. **3** de-ligere: ab-lesen (→ auslesen / auswählen); di-ligere: aus-lesen (→ zu schätzen wissen → verehren → lieben). – Was man sich ausgesucht hat, schätzt man auch. **4** es mißfällt (*vgl.* placet); mißtönend; mißtrauen. **5** Teile und herrsche! **6** Der Mensch plant (legt vor, nimmt sich vor), Gott verteilt (ordnet). – Der Mensch denkt, Gott lenkt.

W **1.1** auseinander-ziehen (→ spalten → auflösen); auseinander-fließen (→ sich fließend ausbreiten → sich auflösen); auseinander-fliehen (→ zerstieben → sich zerstreuen); auseinander-gießen (→ ausgießen → ausströmen lassen); auseinander-reißen (→ niederreißen → zerstören); auseinander-knüpfen (→ losbinden → abspannen → trennen). **1.2** auseinander-lösen → auf-lösen; auseinander-schreiben → auf verschiedene Listen setzen → einteilen; auseinander-sitzen (*d. h.* sich nicht zusammensetzen wollen) → uneinig sein; auseinander-spannen → (durch Entspannung) ausdehnen. **1.3** 1. diripere, delēre, vastare, dissipare. – 2. abire, discedere. – 3. disponere, componere, constituere. – 4. dissentire. – 5. distare, differre, discrepare. – 6. pugnare, dimicare, contendere, confligere. **1.4** Differenz – Unterschied: sich unterscheiden (*trans.* verschieben); Dirigent – Leiter: lenken, leiten; Disposition – Gliederung: einteilen, gliedern. **1.5** dis-trahere, con-sentire – dis-tinēre. **1.6** a) in muris: verteilen, aufstellen; argumenta disponere: ordnen, gliedern. – b) proelium dirimere: ein Gefecht beenden – mari a continenti dirimi: durch das Meer vom Festland getrennt werden. – c) negotia differre: Geschäfte verschieben – inter se differre: sich voneinander unterscheiden. – d) a mari distare: vom Meer entfernt sein – opinio mea distat a tua: Meine Ansicht unterscheidet sich von der deinen. **1.7** Was verschoben wird, wird nicht unterlassen (weggeschafft). – Aufgeschoben ist nicht aufgehoben. **2.1** Schwierigkeit; Verschiedenheit. **2.2** Unterschied; Disharmonie, Mißhelligkeit; Abstand; Sorgfalt (← Adj. diligens, -ntis). **2.3** Dimension – Ausmaß / Ausdehnung; Disposition – Einteilung / Gliederung; Disputation – Auseinandersetzung / Erörterung / Abhandlung; Dissertation – Erörterung / Doktorarbeit; Division (*nicht* milit.!) – Teilung / Einteilung / Gliederung. **2.4** centeni, -ae, -a: je hundert. **2.5** 10. **2.6** Es ist schwer, keine Satire zu schreiben (das Satirenschreiben zu unterlassen / etwas anderes als Satiren zu schreiben): Die Gesellschaft stellt sich dem Dichter als reichlich verrückt dar.

S **1** 1. „Da unsere Flotte zerstreut ist, bleibt uns keine Hoffnung (nichts an Hoffnung) übrig." – 2. „Die Schiffe der Verbündeten sind abgezogen, die Soldaten zersprengt; wer wird auf den Mauern stehen (aufgestellt werden)?" – 3. „Das Lager der Feinde ist nicht weit von der Stadt entfernt; bald werden sie angreifen, die Stadt erobern und plündern." – 4. „Unsere Habe (Güter) wird unter die Sieger verteilt werden." – 5. „Die Feinde sollen über das Schicksal Athens verschiedener Meinung sein; vielleicht wird die mit so vielen Tempeln geschmückte Stadt nicht geplündert werden." **2** Wahres von Falschem unterscheiden – untereinander uneinig / uneins sein – in verschiedene Richtungen / unter verschiedenen Gesichtspunkten erörtern – ein Geschäft aufschieben – eine Flotte zerstreuen / zersprengen – einen (Rechts-)Fall entscheiden – die Beute verteilen – Kurs auf Italien halten – Geld verschleudern – mit jmd. disputieren / diskutieren. **3** Man dürfte auch die Glieder eines zerrissenen Dichters finden.

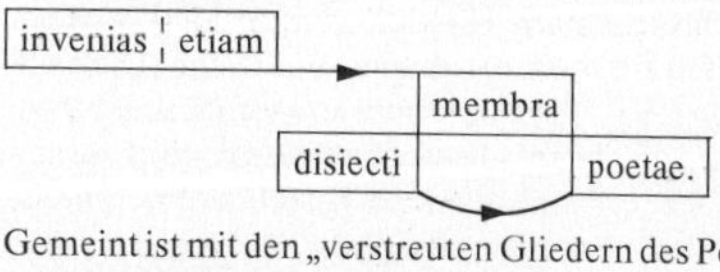
invenias
etiam
membra
disiecti
poetae.

Gemeint ist mit den „verstreuten Gliedern des Poeten", daß die Dichter sich aus den Werken ihrer Vorgänger frei bedienten. Ein Verbot des Plagiats kannte man noch nicht. **4** Amici discedunt (Die Freunde gehen auseinander/trennen sich). - Convivae dissentiunt/discrepant (Die Gäste sind uneins). - Adversarios dirimit (Er trennt die Gegner). - Magistratus papyros disponit (Der Beamte ordnet seine Papiere). - Homo amens pecuniam dissipat (Ein Verrückter verschleudert sein Geld). - In aditu theatri tesserae gratis dividuntur (Am Theatereingang werden Eintrittskarten gratis verteilt/gibt es Freikarten). - Captivus e carcere dimittitur (Der Gefangene wird aus dem Kerker entlassen). - Hae urbes inter se non longe distant (Diese Städte liegen nicht weit auseinander/sind nicht weit voneinander entfernt). - Tempestas naves dispergit (Der Sturm zerstreut die Schiffe). - Senatores rem diiudicant (Die Senatoren entscheiden die Sache/den Fall). - Latrones mercatum diripiunt (Räuber plündern den Laden).

Z **2.1** zerfließen, zergehen, zerreden. **2.2** dis-icere: zerreißen, zerstückeln, zertrümmern; dis-solvere: zerlegen; dis-trahere: zerreißen

7

K **1** Die Glut wird durch Hineinstochern zum Erlöschen gebracht. **2** aus dem Zustand der Unerzogenheit herausführen. - aus dem Rohzustand (rudis, -e roh) herausführen („ent-rohen"). **3** Die Treiber schlagen mit Stöcken auf die Büsche und schreien dazu; so wird „erforscht", ob sich Hasen darunter versteckt halten. **4** „aus-probieren". - experimentum Versuch, Probe. **5** Man prüfte das Erzstück auf sein Gewicht, „beurteilte" es also und „hielt es für dem vereinbarten Wert entsprechend (oder nicht)". **6** (a) Dieser Traum erwies sich als wahr/ging in Erfüllung. (b) Unser Freund entwickelte sich zu einem wahrhaftigen/echten Epikureer. **7** Er ging weg, entkam, entrann, brach aus.

W **1.1** aus-graben (→ ausstechen → ausbohren; *auch:* umwühlen); hinaus-tragen (→ herausschaffen → vertreiben); aus-arbeiten (→ sorgfältig ausführen); entseelen (→ töten); aus-rufen (→ laut aufschreien); ausdrücken (→ deutlich aussprechen). **1.2** In der Aussprache ist zwischen -xs- und -x- kaum ein Unterschied; also: Schreibweise nach dem Gehör. **1.3** aus-hauen, heraus-hauen → ausrotten, zerstören; ausspannen, aus-strecken → (die Reichweite) verlängern; aus-zischen, aus-buhen → mißbilligen; heraus-heben, lobend hervor-heben → rühmen. **2.1** erzählbar; vermeidbar; wünschenswert; leicht zu erbitten/nachgiebig; einnehmbar; zu überwinden/überwindbar. **2.2** (a) Ausbruch; (b) Auswanderer; (c) erlesenen/ausgesuchten; (d) Auszug/Absud. **2.3** ex-temporalis: aus dem Augenblick heraus, aus dem Stegreif, unvorbereitet. - eine Aufgabe, die man ohne vorherige Ankündigung lösen muß.

S **1** 1. Die Einwohner von Megara hatten die Insel Salamis erobert und den Athenern entrissen. - 2. Nachdem diese immer wieder vergeblich versucht hatten, ihre Gegner zu vertreiben, gaben sie folgendes öffentlich bekannt: - 3. „Wenn jemand auftritt, der die Bürger zur Eroberung von Salamis veranlaßt (aufhetzt), wird er der Todesstrafe nicht entgehen." - 4. Solon aber, der durch Tüchtigkeit und Klugheit sich vor den übrigen auszeichnete, stellte sich, als ob er wahnsinnig wäre, und begab sich in die Öffentlichkeit. - 5. Wer nämlich verrückt geworden (‚in Wahnsinn ausgebrochen') war, wurde nach den Gesetzen der Athener nicht bestraft. - 6. Es gelang Solon, der (seine Mitbürger) ermahnte, allesamt gegen die Leute von Megara auszuziehen, wegen seiner großen Beredsamkeit, ihnen (wieder) Mut zu machen (den Mut der Bürger aufzurichten). - 7. Es kam dazu, daß die Athener aus ihrer Stadt fortstürmten und die Feinde, die auf nichts Schlimmes gefaßt waren, überfielen; die meisten von ihnen wurden erschlagen, wenige entkamen. **2** Getreide ausführen - aus der Schlacht entkommen - Kinder erziehen - (aus seinem Gebiet) auswandern - eine Festung völlig zerstören - einen geeigneten Lagerplatz auswählen - die Ursachen der Dinge erforschen/Naturforschung betreiben - aus den Fesseln/dem Gefängnis befreien - an Land bringen/aussetzen - an Land gehen - unter den Philosophen herausragen - aus dem Schlaf wecken - Fehler verbessern/sich bessern - aus der Stadt verjagen - die Freiheit rauben - aus seinem Gebiet vertreiben - den Feind aus seinem Lager locken - von daheim weggehen/das Haus verlassen - die Götter der Griechen aufzählen - Die Kunde davon verbreitete sich ziemlich weit - ein Krieg entbrennt. **3** Eine Krähe bohrt einer Krähe nicht die Augen aus. - Eine Krähe hackt der andern kein Auge aus. **4** Ich spreche aus Erfahrung (experior, expertus sum: ich versuche). - Eine Frau müßte sagen: Experta dico. - der Experte. **5** Aquam effundit (Sie gießt das Wasser aus). - Vestimentum eligit/exquirit (Er sucht ein Kleidungsstück/eine Krawatte aus). - Merces exponit (Er stellt/legt seine Waren aus). - Mons Vesuvius erumpit (Der Vesuv bricht aus). - Curriculum exspectat (Er wartet auf ein Fahrzeug/Taxi). - Herbas evellit (Er zupft Unkraut aus/jätet...). - Aes alienum/pecuniam exigit (Er treibt Schulden/Geld ein). - Pilam excipit (Er fängt den Ball <auf>). - Dentem cariosum extrahit (Er zieht den faulen Zahn <heraus>). - Homo audax effugit/evadit (Der Frechdachs entflieht/entkommt). - Hospes, qui solvere non potest, eicitur (Der Gast, der nicht zahlen kann, wird hinausgeworfen/vor die Tür gesetzt). - Kalendis Maiis arborem erigunt (Am 1. Mai richten sie den <Mai-> Baum auf).

Z **2.1** bewässern - entwässern; belüften - entlüften; bewerten - entwerten. - hinzutun (positiv) - wegnehmen (negativ). **2.2** bekleiden/anziehen - entkleiden/ausziehen; beschuldigen/anklagen - entschuldigen; bewaffnen/ausrüsten - entwaffnen. - accusare - excusare. **3.2** accipere empfangen (*auch:* occurrere entgegentreten; respondēre antworten). Was einer empfängt, trennt sich vom Vorbesitzer.

8

1x; 2y; 3z; 4x; 5z; 6y; 7z; 8x; 9x; 10y; 11y; 12y; 13y. - 8. Den Mut sinken lassen/verlieren. - 11. Er entriß dem Himmel den Blitz und den Tyrannen das Zepter.

9

K **1** Im Lateinischen stehen Personen **und** Gegenstände, denen man böse oder neidische Blicke zuwirft, im Dativ („Peison wirft dem Reichtum des Alkibiades neidische Blicke zu" – er blickt auf das viele Geld, das er gerne selbst hätte, nicht auf den Besitzer), im Deutschen kann das Akkusativobjekt bei ‚beneiden' nur eine Person sein. **2** Mehl daraufstreuen → opfern. **3** an den Deichselriemen anschirren → beginnen/anfangen. **4** an-füllen/ein-füllen. **5** Reize mich nicht zum Zorn/erzürne mich nicht/bring mich nicht in Wut! **6** „an-schaffen" → befehlen. **7** ein gefährlicher Gegenstand/eine gefährliche Situation steht herein, ragt herein, hängt herein (*vgl.* „steht ins Haus"!). **8** intrare – inire – invadere – irruere – irrumpere. **9** irā impulsus/inductus/incitatus/irritatus. **10** ich empfinde etwas als meiner unwürdig → ich entrüste mich. **11** Die negierende Vorsilbe in- erscheint (vor g) in der Lautform i-. **12** ignis (Feuer); igitur (← agitur: darum geht es/handelt es sich → „also". **13** (1) imponere – inquirere – inferre – inire – instare – initium – implēre – incipere. (2) improbus – incertus – iniustus – inopia – iniuria. **14** in in der Bedeutung in/unter: unter den Ersten (→ besonders/vor allem). **15** Beuge sanft Deinen Nacken, Franke! Bete an, was Du verbrannt (*eigtl.* angezündet) hast, verbrenne, was Du angebetet hast!

W **1.1** in Flammen setzen (→ anzünden); hinein-forschen/nachforschen (→ untersuchen); in Fußfesseln legen (→ hindern → behindern → aufhalten); hineinschicken (→ hineinschleudern, *auch:* vorgehen lassen); hinein-tragen (→ einführen/importieren); hinein-blicken (→ Einsicht nehmen → mustern/inspizieren). **1.2** (in der Mitte) einknicken → zerbrechen → schwächen; hinein-tragen → zufügen → aufnötigen/aufdrängen; hinein-tun → (mit einer Substanz) „anmachen" → vergiften; (bei etwas) ein-schlafen → (etwas) nachlässig betreiben; **1.3** hinein-leuchten → beleuchten → verherrlichen; zu-hauchen (halare hauchen) → einatmen; sich hin-stellen → hintreten → nachsetzen → bei etwas fest verharren; auf-frischen (*Denominativum von* integer unberührt) → erneuern → wiederherstellen → ergänzen (*modern:* „in ein übergeordnetes Ganzes einfügen"). **2.1** Ruhmlosigkeit, *auch:* niedriger Stand; Schwäche, Kränklichkeit; Unmenschlichkeit (*altlat.* manus: gut); Unsterblichkeit. **2.2** immobilitas: Unbeweglichkeit; immunitas: Abgabenfreiheit, Steuerfreiheit; inanitas: Leere, leerer Raum; *auch:* Nichtigkeit; iniquitas: Ungleichheit/Unebenheit (des Bodens), Unbilligkeit, Ungerechtigkeit. **2.3** initium (in-ire): Eingang, Anfang; instrumentum (in-struere): Gerät, Werkzeug/Instrument; inventum (in-venire): Erfindung, Entdeckung; institutum (in-stituere): Einrichtung; auch: Sitte/Brauch; intentus (in-tendere): angespannt, aufmerksam; intolerabilis (tolerare): unerträglich; infinitus (finire): unbegrenzt, unendlich; incendium (in-cendere): Brandstiftung → Brand; incola (in-colere): Einwohner/Bewohner; incredibilis (credere): unglaublich. **2.4** impetus: petere; insidiae: sedēre; innocens: nocēre; inscius: scire. **2.5** (certus) – amicus – (probus) – aptus/idoneus – summus – (notus) – fortis/audax – turpis – peritus – (iustus) – (dignus) – superior – tutus – parvus/exiguus – aequus – (nobilis). **2.6** unteilbar, nicht teilbar (*im Sinn von:* eine Einheit darstellend, eine Person). **2.7** Einwirkung auf ein Grundstück von einem Nachbargrundstück aus. – immittere hineinschicken, hineingehen lassen.

S **1** 1. „Wem hat Alcibiades noch nicht Liebe und Bewunderung eingeflößt? – 2. Er ist schön und reich, (wurde) von den besten Lehrern unterrichtet und befaßte sich mit (verlegte sich auf) viele/n Wissensgebieten (Künsten); seine Bestrebungen (seinen Geist) richtete er stets auf Ruhm und Ehre. – 3. Wer geht so stolz einher wie Alcibiades? – 4. Wessen Worte begeistern (treiben an und bewegen) die Bürger so sehr (wie die seinen)? – 5. Unter seiner Führung (abl. abs.) werden wir die Syrakusaner bekriegen, nach Sizilien eindringen, in die (überaus) große Stadt stürmen und ungeheure Beute auf die Schiffe verladen." – 6. „Mir macht (flößt . . . ein) der bevorstehende Krieg große Angst. Weißt du etwa nicht, wie viele Menschen Syrakus bewohnen? – 7. Weißt du etwa nicht, was für Mauern sich vor denen erheben (denen drohen), die (in die Stadt) eindringen wollen? – 8. Ich flehe täglich die Götter an, daß sie uns von diesem deinem Alcibiades befreien und die bevorstehenden Gefahren abhalten. – 9. Wer nämlich hat die Götter verspottet? Alcibiades! – 10. Wer verlacht alle anständigen Männer? Alcibiades! – 11. Deshalb wird alles, was Alcibiades beginnt, schlimm ausgehen!" **2** die Götter (Himmlischen) verlachen – Neues erforschen – mit Freude erfüllen/erfreuen – begeistern (*eigtl.* die Herzen entflammen) – ein Krieg steht drohend bevor/ droht – ein Land besiedeln – seine Aufmerksamkeit (auf etwas) richten – gegen einen Angeklagten ermitteln – Furcht befällt mich – jmd. um sein Glück beneiden – aufwiegeln (*eigtl.* die Herzen anstacheln) – Soldaten auf Schiffe verladen/einschiffen – den Gesandten Zutritt zum Senat gewähren (*eigtl.* die G. in den Senat führen) – sich auf die Wissenschaft verlegen – Unrecht antun – eine Flotte ausrüsten – Schiffe angreifen – junge Leute unterrichten – der Tag bricht an – Furcht einjagen – den Vergnügungen frönen – dem Nächsten vergeben. **3** (a) Es gerät an die Scylla, wer die Charybdis vermeiden will. (b) Du gerätst an die Scylla, wenn du die Ch. vermeiden willst. Scylla: Klippe auf der italischen Seite der sizilischen Meerenge, auf der nach der Sage ein Ungeheuer hauste. – Charybdis: Strudel auf der gegenüberliegenden sizilischen Seite. Die Fassung (b) wendet sich an den Leser. Aus dem Relativsatz (qui vult) ist ein Partizip Präsens Aktiv (cupiens) geworden, dem eine kondizionale Sinnrichtung („wenn du . . .") unterlegt werden kann. **4** (a) Der Stadt droht Gefahr. – Ein Hügel überragt die Stadt. (b) Vor (der Küste) Italien(s) liegen Inseln. **5** Saga liberos includit (Die Hexe sperrt die Kinder ein). – Latrones in villam irrumpunt (Räuber brechen in die Villa ein). – Supellectilem in domum inferunt (Sie bringen die Möbel ins Haus). – Asello onus imponunt (Sie laden dem Eselchen eine Last auf). – Puerum in aquam iniciunt (Sie werfen den Jungen ins Wasser). – Puer in flumen incidit (Der Junge fällt in den Fluß). – Gladius a lacunari impendet (Ein Schwert hängt von der Decke herab). – Puer Afrum irridet/illudit (Der Junge verspottet den Neger). – Eques equum incitat/impellit (Der Reiter/Jockei treibt sein Pferd an). – Milites in hostes invadunt (Die Soldaten gehen gegen die Feinde/den Feind vor). – Arcum intendit (Er spannt den Bogen).

10

K **1** hindernd dazwischentreten → Einspruch erheben → widersprechen. **2** unterwerfen: „unter-" im

Sinn von „hinunter"; unterbrechen: „unter-" im Sinn von lat. inter: zwischen. **3** Ausschluß vom Brunnen und vom Lagerfeuer - Ausstoßung aus der Gemeinschaft. - ächten. **4** intel-lego *eigtl.* „ich wähle dazwischen", vergleiche also die aufeinander beziehbaren Tatsachen oder Begriffe und gelange so zur Einsicht, zum Verstehen. **5** Ein mit regelmäßigen Unterbrechungen auftretendes Fieber, Wechselfieber (*lat.* quartana febris), Malaria.

W **1.1** mitten auf dem Weg (also zwischen Abfahrt und Ankunft) abfangen (→ wegnehmen, *auch:* unterschlagen); dazwischen-laufen (→ sich dazwischenwerfen → sich einmischen); unter-brechen; dazwischen-legen (→ einschieben, *auch:* verstreichen lassen). **1.2** (a) dazwischen-fallen (→ sich, während anderes geschieht, ereignen → sich dazwischen zutragen); in der Mitte durchhauen (→ abbrechen). (b) Der Sinnzusammenhang läßt erkennen, ob -ī- oder -ĭ- vorliegt. **1.3** interimere, necare, exanimare, caedere, occīdere, conficere. **1.4** perire. **1.5** dazwischen-werfen (→ etwas einmischen/einmengen), *vgl.* Interjektion! dazwischen-reden → ins Wort fallen (→ unterbrechen); dazwischen-legen → einschieben (→ unterschieben). **2.1** einer, der Einspruch erhebt, *auch:* der Vermittler; Mörder; Mörder; einer, der störend dazwischenkommt, ein störender Besucher. **2.2** Satzzeichen, *urspr.:* Trennung der Wörter durch Punkte; Unterbrechung der Rede, Störung durch Zwischenruf; Wechselbeziehung zwischen Partnern; mehrere Disziplinen (Wissenschaftsgebiete) betreffend; das Verhältnis der Konfessionen zueinander betreffend; zwischenstaatlich. **2.3** (a) Interpret. (b) Interpretation.

S **1** 1. inter-est (Es ist ein großer Unterschied zwischen der Philosophie und den übrigen Wissensgebieten). - 2. inter-cludit (-clusit) (Caesar schnitt den Galliern den Weg ab/versperrte ihnen den Weg). - 3. inter-cessit (Obwohl alle empört waren, legte einer von den Tribunen gegen das neue Gesetz Widerspruch ein). - 4. interfecta/-empta est (Ein großer Teil der Helvetier wurde von den römischen Soldaten getötet). - 5. inter-est (Uns liegt viel am Wohlbefinden/an der Gesundheit) der Freunde. - 6. inter-dictum est (Im 2. Punischen Krieg wurde es wegen der besonders großen Notlage des Staates den Frauen untersagt, sich mit Gold zu schmükken/Goldschmuck zu tragen). - 7. inter-dictum est (Der Verräter wurde geächtet). **2** sich nicht am Bürgerkrieg beteiligen/sich heraushalten - die Rede unterbrechen/abbrechen - Hungers sterben/verhungern - den Rückweg abschneiden/an der Rückkehr hindern - sich am Wettkampf beteiligen/am W. teilnehmen - Es liegt mir sehr viel daran. - etwas zuwenig verstehen - von der Flucht abschneiden/an der Flucht hindern/den Fluchtweg verlegen - einen Senator nach seiner Meinung fragen. **3** Es liegt im Interesse des Staates, daß Vergehen nicht unbestraft bleiben; daß die Menschen (vor den Sachen) gerettet werden (Ein Mensch gilt mehr als eine - noch so wertvolle - Sache.); daß Urteile nicht wieder aufgehoben werden; daß Rechtsstreitigkeiten zu einem Ende kommen. - „klassisch": interest m. AcI.

4 Interpone | interdum | gaudia | tuis | curis!

Lege zwischen Deine Sorgen bisweilen Freuden! (Gönne Dir bei Deinen Sorgen auch einmal eine Freude!) **5** Pater intervenit (Der Vater schaltet/e sich ein). - Magister interdicit (Der Lehrer spricht ein Verbot aus). - Latro viatorem interficit/interimit (Der Räuber bringt den Wanderer um). - Colloquium interruptum est (Das Gespräch ist unterbrochen). - Navis naufragio interit (Das Schiff geht infolge Schiffbruchs unter). - Quantum inter liberos interest (Wieviel (Größen-)Unterschied ist zwischen den (beiden) Kindern)?

11

K **1** okkult, Okkultismus, Okkultist. **2** (a) ducere. (b) -i-; *vgl.* capere - ac-cĭpere. **3** obsidēre: „dagegen sitzen" (Man umlagert einen Ort mit dem Ziel des Aushungerns); oppugnare: „dagegen ankämpfen" (Man umlagert den Ort und greift die Verteidigungsanlagen an. - aktive Belagerung). **4** Offerte: Angebot (vom Inf. Präs. Akt. of-ferre hergeleitet); Oblate: ungeweihte Hostie, dünnes Gebäck (vom PPP ob-latum hergeleitet und damit „lateinischer" gebildet als „Offerte"). **5** Opposition (op-ponere): Gegensatz, *insbes.* nicht in der Regierungsverantwortung stehende Partei; ostentativ (os-tendere - os-tentare): zur Schau gestellt, herausfordernd; Observatorium (ob-servare): Beobachtungsstation; offensiv (of-fendere): angreifend, angriffslustig. **6** mortem („dem Tod entgegengehen"). **7** regionem. **8** m. Dat. **9** obsit - obeam - obtulit - obsequor/obsequar - oblaturum/oblaturam. **10** Etwas wird in der Erinnerung gleichsam überstrichen, übermalt und damit unsichtbar gemacht. **11** usus PP zu uti; operi Imperativ Präsens Aktiv zu operire. - Nach Gebrauch schließen! **12** Halte die angebotene Gelegenheit fest! (Nutze die sich bietende Gelegenheit!). **13** crimini dare. **14** (a) Wer ist Midas? memini: ich habe mir in Erinnerung gerufen/ich erinnere mich - oblitus sum: ich habe vergessen. (b) ich decke auf/öffne; ich decke zu/schließe.

W **1.1** entgegen-führen (→ begegnen → anbieten); entgegen-kommen (→ sich einfinden → zuteil werden); gegenüber/vor jmd. verweilen (→ vorschweben); gegen-binden (→ anbinden → verpflichten). **1.2** occidere: entgegenfallen → untergehen → verschwinden; oc-currere: entgegenlaufen → begegnen → sich zeigen → vor die Seele treten; of-fendere: entgegenstoßen → anstoßen → belästigen → lästig fallen; op-primere: gegendrücken → unterdrücken → geheimhalten. **1.3** Gelächter überschüttete den Zeugen. Die Zeugenaussage ging im Gelächter unter. **2.1** ob-itus: das Entgegengehen (→ Untergang von Gestirnen, *auch:* Tod); oc-casus: das Entgegenfallen (→ Untergang von Gestirnen → Westen, *auch:* Sturz → Tod); oc-cursus: das Entgegenlaufen (→ das Herbeieilen → die Begegnung); of-fensus: das Dagegenstoßen (→ das Anstoßen → der Anstoß). **2.2** Okkupation (oc-cupare): Besetzung fremden Gebietes; Opportunist (op-portunus zum Hafen hin wehend/günstig): einer, der sein Handeln nach der Zweckmäßigkeit einrichtet; Objektivität (ob-icere, PPP ob-iectum tatsächlich vorliegend): strenge Sachlichkeit, Vorurteilslosigkeit. Wer „objektiv" ist, orientiert sich an erwiesenen Tatsachen. **2.3** (a) ob-tutus, -ūs: Anblick, Blick (ob-tuēri). Der Blick beider Augen ist derselbe. Beide Augen sehen das gleiche. (b) op-positus, -ūs: Entgegenstellung, Davortreten (op-ponere). Die Sonne pflegt sich beim Davortreten des Mondes zu verfinstern. Eine Sonnenfinsternis findet statt, wenn der Mond vor die Sonne tritt. **2.4** Man muß einer vernünftigen Gewohnheit wie einem Gesetz gehorchen. – Gewohnheitsrecht.

S **1** 1. „Allzu lange haben wir den Römern gehorcht, allzu lange befolgten wir ihre arroganten (stolzen) Befehle. – 2. Sie aber ließen keine Gelegenheit aus, die Verbündeten zu beleidigen, zu unterdrücken und zu töten. – 3. Daher bitte und beschwöre ich euch, Mitbürger, daß ihr diese Verträge, die uns schaden, aufkündigt (aufgebt), daß ihr euch den römischen Heeren entgegenstellt, daß ihr die Stadt (Rom) belagert, bestürmt und erobert. – 4. Wenn ihr mir gehorcht, werden die Römer ihre Herrschaft nicht behaupten!" **2** Provinzen verwalten – eine Festung besetzen – ein Amt mit Befehlsbefugnis innehaben – den Bürgern schaden – von Schulden („von fremdem Geld") bedrückt werden / drückende Schulden haben / schwer verschuldet sein – sterben – Die Sonne geht unter. – seinen Beschützer / Patron inständig bitten – den Bitten willfahren / nachgeben – ein Unrecht vergessen – um anderes / weiteres zu übergehen / um mich kurz zu fassen – eine falsche Hoffnung vorspiegeln. **3** Noch nicht ist die Sonne aller Tage untergegangen. – Es ist noch nicht aller Tage Abend. **4** Unglück ist Gelegenheit zur Bewährung / Tugend. – In der Not zeigt sich der Mann. **5** Liberi patri occurrunt (Die Kinder laufen / eilen dem Vater entgegen). – Arbor curriculo offuisse videtur (Der Baum scheint dem Wagen im Wege gewesen zu sein). – Cani peccatum obicit / ur (Sie wirft dem Hund eine Missetat vor / Dem Hund wird ... vorgeworfen). – Isne? (Ist's er? / War's er?). – Reus accusatori opponitur (Der Angeschuldigte wird dem Ankläger gegenübergestellt). – Tu hoc omitte / omittes! (Unterlasse das / Du wirst dies bleiben lassen / Hör auf damit)! – Ruinae fabrum paene oppresserunt / obruerunt (Der Einsturz hat / hätte den Arbeiter beinahe erdrückt / verschüttet). – Venator bestias observat (Der Jäger beobachtet die Tiere). – Claudia matrem obsecrat / obtestatur (Claudia bittet ihre Mutter inständig / bettelt ... an). – Pilam obtinet (Er hält den Ball fest). – Dona paschalia occulit (Er versteckt die Ostereier). – Quis has litteras ad me dedit (Wer hat mir diesen Brief geschrieben)? – Nomen eius omnino oblitus sum (Ich habe seinen Namen völlig vergessen).

Z **2** beginnen: instituere, inire, incipere; bevorstehen: instare, imminēre, impendēre; belagern: oppugnare, obsidēre; begegnen: occurrere, offerri; behalten: continēre, retinēre. **3** prae-esse: voranstehen, an der Spitze stehen → befehligen (Milit. Befehle gehen im Lat. von vorne nach hinten, im Dt. eher von oben nach unten); sub-igere nach unten führen → unterdrücken → bezwingen (Im Lat. ist an den Sieg im Ringkampf gedacht, im Dt. ist das Ausüben von Zwang weniger anschaulich). **4** observare beobachten: durativ (fortdauernd, andauernd); devincere entscheidend besiegen: punktuell (augenblicklich zu Ende kommend).

12

1y; 2w; 3y; 4y; 5y; 6w; 7y; 8y; 9y; 10y; 11y; 12x; 13y; 14x. – Eine doppelte Verneinung bewirkt eine Verstärkung.

13

K **1.1** Bis zum Erfolg / mit Erfolg raten / einreden hat Überredung zu Ziel und Folge. – Wenn objektive Argumente verwendet werden, kann Überzeugung erzielt werden; Grundbedeutung könnte dann sein: mit Erfolg argumentieren. **1.2** Beim Überreden wird ein Wille durchgesetzt, so daß der Begehrsatz mit der Konjunktion / Subjunktion ut (bzw. ne) zutrifft. **1.3** Cato war überzeugt, daß Karthago zerstört werden müsse. Die Bedeutung „überzeugen" ergibt sich aus der AcI-Konstruktion. **2.1** Grundbedeutung von tenēre ist „ausgedehnt sein" (→ halten → festhalten → erreichen). Hieraus ergibt sich für das Kompositum per-tinēre die Bedeutung „durch den Zwischenraum hindurch erreichen" – sich erstrecken (auf ...). **2.2** Lebensmittel. **3** sequi: (fortdauernd) folgen; per-sequi (durch dick und dünn) verfolgen; con-sequi: einholen. – Er folgt dem Flüchtenden, er verfolgt ihn (durch dick und dünn), endlich holt er ihn ein (und ruft): „Bleib stehen / halt!" **4** perfekt (per-ficio, per-feci, perfectum): vollendet; permanent (permaneo, PPrA per-manens, -ntis): andauernd; permissiv (per-mitto, per-misi, per-missum): nachsichtig, liberal. **5** perspicuus (per-spicere durchblicken): durchsichtig; perpetuus (*per-petere hindurchstreben): durchgehend, ewig; pernicies (necare töten; nec- → nic-): Vernichtung, Verderben. **6** periti (peritus, -a, -um erfahren); periculi (periculum, -i Gefahr). – Beide von *periri versuchen, erproben. **7** Ertrag es und sei hart, viel Schwereres hast Du (schon) ertragen! – Vorbild war ein Homervers.

W **1.1** per-cipere durch-fassen (→ erfassen → wahrnehmen); per-currere durch-laufen (→ durcheilen → nur flüchtig erwähnen); per-docēre gründlich lehren (→ deutlich dartun); per-fluere hindurchfließen (→ durchlässig sein); per-fringere durchbrechen (→ zerbrechen → vernichten); per-horrescere durch und durch erschauern (→ zurückschrecken). **1.2** per-fodere durchgraben (→ durchstechen → ausstechen); perfundere durchgießen (→ übergießen → überströmen → ganz erfüllen); per-fungi bis zum Ende verrichten (→ erfüllen, *sc.* vitā → sterben); per-orare bis zum Ende sprechen (→ die Rede beenden); per-scribere genau niederschreiben (→ sorgfältig aufzeichnen → ausführlich berichten); per-miscēre durcheinandermischen (→ verwirren). **1.3** durchlöchern, durchbohren (*vgl. dt.* „bohren"); vervollkommnen. **2.1** überglücklich; sehr kurz; sehr teuer / kostspielig; steinreich; sehr geschmackvoll; kinderleicht; sehr geeignet; sehr zornig; sehr lang / langwierig; höchst lächerlich. **2.2** Ein Pirat ist kein Kriegsgegner („Kombattant"), sondern gemeinsamer Feind aller. **2.3** Eine vollzogene Schenkung läßt im nachhinein keine Bedingungen (mehr) zu. – Geschenkt ist geschenkt!

S **1** 1. „Verres hat die ganze Insel ins Chaos gestürzt (verwirrt), die Menschen (die Herzen der M.) durch furchtbare Verbrechen mit Entsetzen erfüllt (erschüttert) und viele Gemeinden durch seine ungeheure Habgier in höchste Not gebracht. - 2. Ihm selbst, glaubt er, sei alles erlaubt. - 3. Wenn du uns nicht zu Hilfe kommst, wird er auf dem eingeschlagenen Weg fortfahren (fortführen, was er begonnen hat), die Verwüstung Siziliens vollenden, die Bewohner auf das grausamste zugrunde richten. - 4. Daher hoffen wir, daß du durch unsere Bitten dich rühren läßt (bewegt wirst), damit wir nicht alle umkommen. - 5. Denn länger ist dieser verruchte Verres nicht zu ertragen.“ **2** nach Rom gelangen - die Menschen erschüttern (die Herzen der M. heftig bewegen) - zu Mitleid veranlaßt werden - Strapazen ertragen - fortfahren zu erzählen/weitererzählen - Das geht uns etwas an. (Das erstreckt sich auf uns.) - jämmerlich zugrunde gehen - Befehle ausführen. **3** Gar oft kommt es vor, daß der Nutzen mit der Rechtschaffenheit streitet/daß Nutzen und Anstand sich nicht vertragen. **4** Freunde, ich habe einen Tag verloren! **5** Die Wörterbuch-Form:

continēre			-e-	
confitēri	-a-			
desilire	-a-			
indicere				-i-
obstringere				-i-
amittere				-i-
contingere	-a-			
concidere		-ae-		
exigere	-a-			
adimere			-e-	
considere				-i-
destituere	-a-			
diripere	-a-			
decipere	-a-			

6 Viatorem perterrent/percutiunt (Sie erschrecken den Wanderer). - Primus ad finem pervenit (Er gelangt/geht als erster ins/durchs Ziel). - Oblectamenta perdit (Sie zerstört ihr Spielzeug/„macht... kaputt“). - Emptionem permittit (Er erlaubt den Kauf). - Aedificium perfecerunt (Sie haben das Gebäude/den Rohbau fertiggestellt); *auch:* Aedificium perfectum est (Das Gebäude/der Rohbau ist fertiggestellt).

14

K **1.1** Das -h- war stumm; -ae- wurde ohnehin fast wie -ai- ausgesprochen. So war das -i- in *praeibēre überflüssig. **1.2** debēre (← de-hibēre). **2.1** Philipp zeigte/gab sich gemäßigt. **2.2** Ein treuer Freund wird sich in einer unsicheren Lage als standfest erweisen. **3.1** Der (Blaue) Nil stürzt aus einem sehr hohen Gebirge herab. **3.2** Wer sich von einem Felsen stürzt, wird, auch wenn er will, nicht anhalten/seinen Fall nicht abbrechen können. **4.1** Schon als junger Mann erwies sich Sulla als tapfer und erfolgreich (se praebēre: sich erweisen) **4.2** Den Bedürftigen wurde in Rom aus öffentlichen Mitteln Brot zugeteilt (praebēre m. Dativ: jemandem etwas darbieten/anbieten) **4.3** Gib mir deine Hand, damit ich dich führe (*vgl.* 4.2) **5** praeceptum (prae-cipere): Vorschrift; praesidium (prae-sidēre): Vorsitz; praeditus, -a, -um (← *prae-dere): versehen (mit...); praemium (← *prae-emere): Lohn, Preis (*eigtl.* das vorweggenommene Beutestück).

W **1.1** prae-cavēre: sich (voraus) hüten; prae-cedere: vorangehen; prae-currere: vorauslaufen; prae-damnare: im voraus verurteilen; prae-discere: vorauslernen; prae-mittere: vorausschicken. **1.2** praemonēre vorher erinnern (→ vorher warnen → weissagen); prae-ripere (vorher) wegreißen (→ wegschnappen → vereiteln); prae-tendere vorspannen (→ vorschützen → bemänteln); prae-sumere vorwegnehmen (→ im voraus vermuten → erwarten). **1.3** der richterlichen Entscheidung vorgreifen; vorher bestimmen; eine Einleitung spielen; vorsitzen, den Vorsitz innehaben. **1.4** (a) vor der Geburt (→ schwanger). Heutige Bedeutung: knapp, aber gehaltvoll. (b) prägnant. **1.5** Unkenntnis wird vermutet, wo Kenntnis nicht bewiesen wird. - Die Beweislast trägt der, für den der Nachweis entsprechender Kenntnisse wichtig ist. - Unkenntnis muß nicht nachgewiesen werden. **2.1** turmhoch - sehr klar, herrlich - steinreich - knochenhart - sehr schwer, überladen - sehr fett - spindeldürr - pfeilschnell. **2.2** Anwesenheit (praesentia animi Geistesgegenwart); Statthalterschaft, Provinzialverwaltung; Vorbereitung; Verhältniswort (*urspr.:* Voranstellung; Präpositionen stehen in der Regel vor dem Nomen). **2.3** (a) der dem praetorium (Feldherrnzelt) Vorgesetzte; Befehlshaber; (b) Befehlshaber der Prätorianergarde. **2.4** Melanchthon - Lehrer der Deutschen: M. hat sich um die Herausbildung des Gymnasiums verdient gemacht.

S **1** 1. „Geht nicht vorüber, Mitbürger, (und) laßt nicht die Gelegenheit ungenutzt (verstreichen), einem todunglücklichen Menschen zu helfen! - 2. Gott hat nämlich den Reichen nachdrücklich (streng) geboten (vorgeschrieben und verordnet), den Worten Bittender Gehör zu schenken, einander an Milde zu übertreffen (und) sich einen Schatz im Himmel zu erwerben (vorzubereiten)! - 3. Wenn ihr euch milde erweist, werde ich euch Tag(e) und Nacht (Nächte) preisen, aber wenn ihr mir nichts gebt (gewährt), (dann) soll euch der Teufel in die unterste Hölle stürzen!“ **2** eine Legion kommandieren - Gehör schenken - sich tapfer zeigen/als tapfer erweisen - einen Legaten mit dem Kommando über die Legion betrauen/einem L. das Kommando... übertragen - vorhersagen, was zweckmäßig/nützlich/von Nutzen ist - einem Legaten das Kommando über die Schiffe übertragen. **3** Vorausgehen sollen Beispiele, dann sollen die Regeln folgen! - Dies ist die sog. induktive Methode. **4** In undas se praecipitat (Er stürzt sich/springt in die Wellen/ins Wasser). - Der Lehrer hält Unterricht/lehrt). - Caupo merces praedicat (Der Händler preist seine Waren an). - Ceteris praeest (Er steht an der Spitze).

15

K **1** sich (schützend) vor jmd./etw. stellen; *urspr.:* ein schützendes Vordach anbringen. **2** förderlich sein für jmd./etw. → nützen. **3** Das Ehrengeleit geht (auch) vorweg. **4.1** Tränen fließen lassen/den Tränen freien Lauf lassen; den Bart wachsen lassen. **4.2** Hilfe versprechen: Die Versprechungen gehen den Taten voran, werden vorausgeschickt. **5** pronuntiare: Wer etwas für ein großes Publikum bekanntgibt, muß die Worte deutlich aussprechen, um nicht mißverstanden zu werden. **6** nach vorne hin ausgießen → vergießen. **7.1** durch Pfropfreiser fortpflanzen. **7.2** propagieren, Propaganda: zum Verbreiten von Informationen und zur Werbung. **8** Prospekt: pro-spicere (prospexi, prospectum) vorausblicken; Prozeß: pro-cedere (processi, processum) voranschreiten; Produzent: pro-ducere (PPrA producens, -ntis) vorführen → öffentlich auftreten lassen; (*auch:* erzeugen); Professor: pro-fitēri (professus sum) öffentlich bekennen → etw. als sein Fach angeben → Professor sein; Projekt: pro-icere (proieci, proiectum) vorwerfen → ausstrecken (*antik nicht:* „Vorwurf" im Sinn von „Planung"); Produkt: pro-duco (produxi, productum), *vgl. bei* „Produzent". **9.1** Tiresias sah die Zukunft voraus (providēre m. Akk.: etwas vorhersehen). **9.2** Circe sorgte für Odysseus (prospicere m. Dat.: *eigtl.* „für jemand (Künftiges) vorhersehen" → für jemand sorgen) **10** pro: vor, nach vorne - fic-: zum Stamm von fac-e-re machen - -isc- Inhohativ-Suffix zur Bezeichnung des Beginns einer Handlung - -or: Personalendung der 1. Person Indikativ Präsens (aktive Bedeutung der Passiv-Form, da es sich um ein Deponens handelt). Das Deponens wirkt medial/reflexiv: ich mache m i c h auf den Weg → ich breche auf. **11** 1. prodire: prodeas, prodis, proditis, prodibit, prodierunt, prodi (Imperativ), prodii. - 2. prodesse: prodes, prosit, prositis, profui, proderunt. - 3. prodere: prodes (Futur!), prodebat, prodis, proditis, prodidit, prodiderunt, prodi (Inf. Präs. Passiv), prode, prodidi. **12** Ein im Herzen verschlossener Vorsatz bewirkt nichts: Soll ein Vorsatz etwas bewirken, so muß er auch ausgesprochen und in die Tat umgesetzt werden. **13** Mein Begehr und Willen ist | in der Kneipe sterben. (Übers. Laistner-Brost).

W **1.1** pro-pellere: nach vorne treiben (→ vor sich hertreiben → vertreiben); pro-pugnare: vor/für etwas kämpfen (→ Widerstand leisten → kämpfen); pro-ripere: hervorreißen (→ fortreißen); pro-scindere: vorne aufreißen (→ durchfurchen, *auch:* abfällig kritisieren); pro-silire: hervorspringen (→ rasch vordringen); provocare: hervor-/herausrufen (→ herausfordern, *auch:* Berufung einlegen). **1.2** pro-curare: vorsorgen (→ besorgen → verwalten); prod-igere: hervortreiben (→ verschwenden, *unter dem Einfluß des Adjektivs* prodigus, -a, -um verschwenderisch); pro-ferre: hervortragen (→ hervorholen → zeigen); pro-fligare: (nach vorne) niederschlagen (→ überwältigen → beseitigen); pro-gredi: hervorschreiten (→ weitergehen → zu weit gehen → sich versteigen zu ...); pro-merēre (*auch:* promerēri): sich vorher Verdienste erwerben (→ einen Anspruch erwerben, *aber auch:* etwas verschulden → sich zuziehen). **1.3** proklamieren: bekanntmachen; projizieren: mit dem Bildwerfer vorführen (*eigtl.* nach vorne werfen); projektieren: entwerfen, planen (*veraltet:* „Vorwurf" = „Entwurf"); promovieren: den Doktortitel erwerben (*eigtl.:* vorrücken); proskribieren: (jemands Namen) öffentlich anschreiben, jmd. ächten, für vogelfrei erklären; prozessieren: einen Rechtsstreit beginnen und durchstehen. **1.4** Wir müssen uns über die Art unseres Vorgehens einigen. **2.1** Schlankheit/hoher Wuchs - Frechheit - abschüssige Lage/Neigung - Nähe; *auch:* Verwandtschaft; günstige Beschaffenheit/Glück. **2.2** professor: öffentlicher Lehrer - proditor: Verräter - propugnator: Verteidiger, Beschützer - provisor: einer, der vorsorgt; Verwalter - procurator: einer, der vorsorgt; Verwalter - provocator: Herausforderer. **2.3** Progression (stufenweises Fortschreiten): pro-gredi (progressus sum) voranschreiten; Promotion (Verleihung der Doktorwürde): pro-movēre (promovi, promotum) vorwärtsbewegen; Prominenz (Gesamtheit bedeutender Persönlichkeiten): prominēre (PPrA prominens, -ntis) hervorragen; Protektion (Förderung, Begünstigung, Gönnerschaft): protegere (protexi, protectum) beschützen; Provision (Vermittlungsgebühr): pro-vidēre (providi, provisum) vorhersagen, vorsorgen; Prozession (feierlicher Umzug): pro-cedere (processi, processum) voranschreiten. **2.4** zahlreiche Nachkommenschaft. **2.5** Unter deiner Führung mache ich Fortschritte.

S **1** 1. Als Odysseus von der Insel der Circe abgefahren war, suchte er die Orte ewiger Nacht auf, um den Tiresias, der die Zukunft vorhersah, nach seinem Schicksal zu fragen. - 2. Nachdem das Blut zweier Widder vergossen war, kamen zahllose (sehr viele) Schatten aus den Schlünden des Orcus hervor, doch Odysseus hielt sie vom Blut fern, indem er sein Schwert zückte. - 3. Endlich erschien Tiresias und kündete (gab ... preis) die Zukunft, die er voraussah. - 4. Unter anderem stellte er Odysseus auch folgendes in Aussicht. - 5. „Wenn du (wieder) in See gestochen (auf das hohe Meer hinausgefahren) bist, wirst du viele Leiden (Übel) ertragen (müssen); (erst) nach dem Verlust all deiner Begleiter wirst du spät in die Heimat gelangen, wo du als Bettler vor deiner eigenen Haustür niedersinken wirst. - 6. Doch unter dem Schutz der Götter (von den G. beschützt) wirst du deine Gegner überwältigen (zu Boden schlagen). - 7. Das verspreche und verkünde ich dir!" **2** das Schwert hervorholen/ziehen - das Reich (das Gebiet des Reiches) erweitern - den Freund verraten - für Proviant sorgen - Zeugen vorführen/auftreten lassen - Tränen vergießen - die Gegner proskribieren/ächten - die Zukunft vorhersehen - nach Italien reisen/aufbrechen - öffentlich auftreten. **3** Wenn ein Vers (auch nur) um eine Silbe zu kurz oder zu lang vorgetragen ist, wird der Schauspieler ausgepfiffen und ausgebuht. **4** Res futuras prospicit/providet (Sie sieht die Zukunft vorher/weissagt). - Provehitur (Er startet). - Orator magna voce pronuntiat (Der Redner spricht mit lauter Stimme/laut). - Negotia prospere procedunt (Die Geschäfte gehen günstig/gut voran). - Adversarium prostravit (Er hat seinen Gegner niedergestreckt/zu Fall gebracht). - Gallinis pabulum proicit (Sie wirft den Hühnern das Futter vor/hin). - Reum producit (Er führt den Angeklagten vor). - In scaenam prodit (Er tritt auf der Bühne auf). - Quietis causa procumbit (Er legt sich nieder, um zu ruhen/ zur Ruhe). - Amicum prodit (Er verrät seinen Freund). - Aquam profundit (Er schüttet das Wasser aus).

Z **2.1** produzieren - mit dem Produkt umgehen - das Produkt verbrauchen/unbrauchbar machen. **2.2** verstellen (etwas davorstellen). **2.3** aF - bE - cB - dG - eC - fD - gA. **3.2** vergleichen: componere, conferre; verlassen: destituere, egredi, relinquere; veranlassen: adducere, perducere, commovēre, impellere, inducere, permovēre, perducere; vertreiben: deicere, depellere, eicere, expellere; verfassen: componere, conscribere; verteilen: disponere, distribuere.

16

1z; 2y; 3x; 4z; 5x; 6x; 7y; 8x; 9z; 10w; 11y; 12w. – 8. Caesar brach von seinem Lager auf, gelangte nach Alesia, belagerte die Stadt und besetzte sie schließlich.

17

K **1** etwas Verlorenes wiedergewinnen. **2** ein Ansinnen mit Gründen zurückweisen. **3** jmd. durch eine Rüge von der Wiederholung einer (falschen) Handlung zurückhalten. **4.1** ... Form/Fassung gebracht. **4.2** ... berücksichtigt. **4.3** ... zurückgesandt werden. **4.4** ... wiederholen. **4.5** ... unterdrücken. **5** nimm! **6** regitis (ihr lenkt) rerum (der Dinge) – regiones (die Gegenden) – repente (plötzlich) – reris (du rechnest, *von* reri) – recenti (*Dat. oder Abl. Sing. von* recens neu). **7** Alle betrifft das, was öffentlich/in einem öffentlichen Verfahren durch die Mehrheit geschieht. – Mehrheitsbeschluß.

W **1.1** re-bellare den Krieg wiederaufnehmen → sich (wieder) empören/rebellieren; re-censēre wieder/erneut durchgehen → durchmustern; re-clamare dagegenrufen → widerrufen → widersprechen/reklamieren; re-cognoscere wiedererkennen → überprüfen/revidieren; re-currere zurücklaufen → auf etw. zurückkommen/rekurrieren; re-flectere rückwärts biegen → umstimmen (*antik nicht:* „reflektieren" im Sinne von „in Betracht ziehen", „nachdenken über"). **1.2** re-formare zurückformen (→ verwandeln → umgestalten); re-fugere zurückfliehen (→ zurückweichen → entschwinden); re-legare zurückschicken (→ wegschicken → entfernen → verbannen); re-manēre zurückbleiben (→ dauernd bleiben → ausharren); renasci wiedergeboren werden (→ wiedererstehen → aufs neue beginnen, *z. B.* bellum renascitur); re-praesentare wieder vergegenwärtigen (→ veranschaulichen → sogleich verwirklichen → bar bezahlen). **1.3** regenerare von neuem hervorbringen (→ wieder gebären); referre zurücktragen (→ zur Sprache bringen → Bericht erstatten → referieren); re-servare aufbewahren (→ reservieren). **2.1** Sammelplatz/Aufnahmeplatz/lager für Flüchtlinge; Haltetau/Ankertau des Schiffes. **2.2** Überbleibsel; aufständisch; widerhallend. **2.3** pecuniis. **2.4** Ich berichte Berichtetes. Ich berichte von Dingen, die ich selbst nur aus Berichten anderer kenne.

S **1** A. In dieser Nacht werden wir das Kastell verlassen und nach Italien zurückkehren. Was bleibt uns anderes übrig? Wir können weder die Germanen zurückdrängen noch den Frieden um Geld erkaufen, denn Geld fehlt, (und) es fehlt an Waffen. T. Schimpflich ist es, zurückzuweichen, wenn wir uns durch Gegenwehr (Widerstehen) retten können. Erinnerst du dich nicht, daß das Römische Reich schon oft in höchster Gefahr von Grund auf wiederhergestellt (erneuert und wiederhergestellt) wurde? Vielleicht werden uns bald Siege unserer Legionen gemeldet werden. Dann werden wir die verlorenen Gebiete und Schätze zurückgewinnen, dann werden wir uns, wenn die Feinde zurückgeworfen sind, mit bestem Wein erquicken ... A. Diesen deinen Wein wirst du allein trinken können, denn mich wirst du nicht zurückhalten! T. Denk' daran (erinnere dich), daß alle Wege von den Germanen unsicher gemacht werden! A. Bald werden sie dieses Kastell unsicher machen. Daher werde ich mich absetzen (zurückziehen), um nicht in die Sklaverei zu geraten (‚versetzt zu werden'). Ruhm und Ehre überlasse ich gerne dir, der du hoffst, das Reich werde wieder hergestellt werden. Leb wohl! **2** einen Schaden wiedergutmachen – in die Heimat zurückkehren – einen Verbannten zurückrufen – seine Kräfte erneuern/sich erholen – auf das Festland/den Kontinent zurückkehren – aus Germanien zurückweichen/abziehen – dem Feind Widerstand leisten – in die Form einer Provinz bringen/zur Provinz machen – ein Lied/Gedicht vortragen – Tüchtigkeit/Tatkraft ist gefragt – ein Heilmittel finden – den Weg unsicher machen – einen Gefangenen freikaufen – Laster kritisieren – einen Sieg erringen – den Krieg erneuern/wieder aufnehmen – einen Ausreißer zurückbringen – die Sklaven unterdrücken – ein Argument widerlegen – seine Kräfte wiederherstellen/sich erholen – eine Brücke abbrechen/einreißen. **3** Gewohnte Laster ertragen, neue tadeln wir. – Nur neue Fehler rügt man, alte trägt man. (Übers. H. Beckby). *Bild:* Sie scheinen unsere Bedingungen zurückzuweisen. **4.2** 1a; 2f.g; 3g.j; 4e; 5i; 6c; 7c.h; 8d; 9k; 10b. – 11: kein Euphemismus, sondern zutreffendes Wort (nomen proprium). **5** 1. redegisse (Verres soll Sizilien in äußerste Not gebracht haben.) – 2. reddi (Weißt du nicht, daß die Wege von den Germanen unsicher gemacht werden?) – 3. redemptum iri (Die Piraten hofften, daß Caesar von Freunden freigekauft werden würde.) – 4. rediret (Weder Augustus noch Tiberius erlaubten es dem Dichter Ovid, nach Rom zurückzukehren.) **6** Abeuntes revocat (Er ruft die, die weggehen, zurück). – Canem removet/reprimit (Er jagt den Hund weg). – Fugitivum retinet (Er hält den Ausreißer zurück/fest). – Adversarium repellit/redigit (Er wehrt den Gegner ab). – Puellam respicit (Er schaut sich nach dem Mädchen um). – Sordes reliquit (Er hat seinen Abfall liegen lassen). – Hospites sitientes recreabit (Sie wird die durstigen Gäste erfrischen).

18

K **1** demere, promere. **2** pergere (← *per-regere). **3** perire (*auch:* interire). **4** Die Vorräte reichen für den Verbrauch aus/decken den Bedarf. **5** sub-ire; sub-; unmerklich; plötzlich. **6** (a) glücklich vonstatten gehen. (b) Die Zeit kam täglich besser Caesar zu Hilfe. Die Zeit arbeitete für Caesar. **7** succurere; subicere; sustinēre; sequi; suspicari; subire. **8** Halte aus und enthalte dich! Halte dich raus!

W **1.1** sub-ducere darunter wegziehen (→ heimlich wegnehmen → in der Stille wegführen, *auch:* an Land ziehen); sub-dere unter etw. bringen (→ unterlegen → unterschieben); sub-levare von unten her erleichtern (→ unterstützen → emporheben → lindern); subsequi unmittelbar nachfolgen (→ begleiten → nachahmen); sub-sternere unterstreuen (→ auspolstern, *auch:* unterwerfen); sup-ponere unterlegen (→ unterschieben). **1.2** sus-péndere aufheben (→ in die Höhe heben → schwebend/in der Schwebe halten → unentschieden lassen); sup-plēre auffüllen (→ nachfüllen → ergänzen → vervollständigen → vollzählig bemannen); sum-movēre wegschaffen (→ beiseite drängen); sub-trahere unter etw. hervorziehen (→ heimlich wegziehen → unterschlagen). **1.3** unterordnen (z. B. einen engeren Begriff einem weiteren Begriff); unterschreiben, vorausbestellen; einsetzen für etwas (z. B. einen Begriff für einen andern). **1.4** Dem Minderjährigen wird geholfen. Man kommt dem M. zu Hilfe. **2.1** ziemlich hart - einigermaßen erzürnt/recht wütend - etwas traurig - ziemlich schimpflich - weißlich - schwärzlich. **2.2** im Subjekt begründet, also: persönlich, einseitig; allmählich eintretend; unselbständig, (einem andern) untergeordnet; helfend, unterstützend; umstürzlerisch. **2.3** unter die Haut (nicht intravenös: in die Vene). **2.4** Wer unterschreibt, von dem nimmt man an, daß er mit dem Unterschriebenen einverstanden ist. Von dem, der unterschreibt, nimmt man an, daß ...

S **1** 1. Wir können den Angriff der Feinde, die in großer Zahl (großem Zug) nachrücken, nicht länger aufhalten. - 2. Komm uns zu Hilfe und stütze unsere Abwehr (den Kampf), damit wir nicht unterliegen! - 3. Zusammen mit dir werden wir die Feinde bezwingen; also komm bitte zu Hilfe! **2** Strapazen aushalten - dem verstorbenen Kaiser nachfolgen - den Freunden zu Hilfe eilen - sich der Sache der Armen/Elenden annehmen - einem Kranken zu Hilfe kommen/helfen - sich in Lebensgefahr begeben - sich aus dem Sessel erheben/aufstehen - ein Buch (heimlich) entwenden/mitgehen lassen. **3** Argwohn ist für Rechtschaffene ein unausgesprochenes Unrecht. - Der Argwohn ist für Biedre stumme Kränkung. (Übers. H. Beckby). - Der Argwöhnische verurteilt die Glaubwürdigkeit aller. - Stets gilt dem Argwohn Biederkeit als Täuschung. (Übers. H. Beckby). Bild: Ach! Ich vermute, da steckt eine List/Teufelei dahinter! **4** Claudius non libenter e lecto surgit (Claudius erhebt sich/steigt nicht gern aus dem Bett/steht nicht gern auf). - Adiutores auccurrunt/subveniunt (Helfer eilen herbei/kommen zu Hilfe). - Atlas caelum sustinet (Atlas hält das Himmelsgewölbe (auf seinen Schultern). - Cursor facem suscipit (Der Stafettenläufer übernimmt die Fackel). - Sarcinam sublevat (Er hebt das Gepäck hinauf). - Adversarius succumbit; victor eum subigit (Der Gegner unterliegt, der Sieger legt ihn auf die Schultern).

Z **1.2** erwägen: deliberare; erörtern: disputare, disserere; erkennen: intellegere, perspicere; erklären: declarare, indicare; ergreifen: comprehendere, deprehendere; erschrecken: concutere, perterrēre; erwählen: deligere, eligere; ertragen: perferre, subire, sustinēre. **1.3** punktuell. **1.4** sich von unten her aufrichten.

19

W **1.1** tran-scendere hinüber-steigen (→ hinübergehen → überschreiten); tran-scribere hinüber-schreiben (→ schriftlich abtreten → überschreiben); trans-currere hinüber-laufen (→ schnell durchlaufen → kurz erwähnen, *nicht:* zum Feind überlaufen!); trans-fugere (zum Feind) über-laufen; trans-vehere hinüber-fahren (→ hinüberbringen → übersetzen); trans-gredi hinüber-gehen (→ überschreiten, *auch:* mit Stillschweigen übergehen). **1.2** trans-migrare hinüber-wandern (→ übersiedeln); trans-movēre hinüber-bewegen (→ hinüberschaffen → verlegen); trans-volare hinüber-fliegen (→ hinübereilen); trans-ferre hinübertragen (→ hinüberschaffen → übertragen → übersetzen → abschreiben). **1.3** umformen - schwitzen - verpflanzen - (ein Musikstück in eine andere Tonart) umsetzen. **1.4** Heiliger Vater, so vergeht der Ruhm der Welt! **2.1** Übergabe/Überlieferung - Verräter; Hinüberführung/Versetzung - „Überführer" (einer, der jmd. den Übergang aus einer patrizischen in eine plebejische Familie vermittelt); Überfahrt - Überfahrt; Übergang/Übertretung - Gesetzesübertreter - Übergang; Übertragung/Übersetzung - Übertrager; Überfahrt - Überfahrt; Übergang - Übergang, Paß. **2.2** jenseits der Alpen (von Rom aus gesehen) - jenseits des Po (von Rom aus gesehen) - jenseits des Rheins (von Gallien aus gesehen) - jenseits des Tiber (von Rom aus gesehen, *vgl.* Trastevere!); jenseits des (Mittel-)Meeres - jenseits der Berge/der Alpen (von Deutschland aus gesehen). **2.3** Laßt uns (ins Neue Jahr) hinübergehen! **2.4** Ein Vergleich entspricht einem Gerichtsurteil/kommt einem G. gleich.

S **1** 1. Einst bat eine Maus, die einen Fluß überqueren wollte, einen Frosch, er solle sie übersetzen. - 2. „Gern", sprach jener, „will ich dich hinüberbringen". - 3. Deshalb vertraute sich die Maus dem Frosch (der Treue/Zuverlässigkeit des Frosches) an/verließ sich ... auf den Frosch. - 4. Doch mitten im Fluß tauchte der Frosch (strebte nach ganz unten), die Maus versank mit ihm. - 5. Es ist überliefert, daß dem Frosch die List nicht glückte, denn ein Seeadler trug Maus und Frosch davon. **2** Das Spinnennetz/die Spinne fängt die Mücken, die Wespen läßt es/sie durch. - Die Kleinen hängt man, die Großen läßt man laufen. **3** Asinum ponte flumen traducit (Er führt den Esel auf der Brücke über den Fluß). - Tabellarius litteras tradit (Der Postbote übergibt einen Brief). - Faber trabem transfigit (Der Handwerker durchbohrt den Balken/bohrt ein Loch in den Balken). - Poeni elephantis Alpes transeunt (Die Punier überqueren mit ihren Elefanten die Alpen).

20

1y; 2y; 3w; 4y; 5x; 6w; 7y; 8z; 9z; 10z; 11x; 12y; 13y; 14y. - 14. Caesar setzte seine Legionen nach Britannien über.

Bewertungsskala

Nummer des Tests	ausgezeichnet!	gut!	zufriedenstellend!	wiederholen!	arge Lücken!
4	19-17	16-14	13-11	10-8	7-0
8	13-12	11-10	9-8	7-6	5-0
12	14-13	12-11	10-8	7-6	5-0
16	12-11	10-9	8-7	6-5	4-0
20	14-13	12-11	10-8	7-6	5-0